NE 능률

기본 연산 Check-Book

초등3 3호

두 자리 수의 곱셈과 나눗셈

1주 두·세 자리 곱셈 (1)

❶
$$\begin{array}{r} 21 \\ \times \quad 2 \\ \hline 42 \end{array}$$

❷
$$\begin{array}{r} 33 \\ \times \quad 3 \\ \hline \square\square \end{array}$$

❸
$$\begin{array}{r} 42 \\ \times \quad 2 \\ \hline \square\square \end{array}$$

❹
$$\begin{array}{r} \square \, \\ 13 \\ \times \quad 6 \\ \hline \square\square \end{array}$$

❺
$$\begin{array}{r} \square \, \\ 27 \\ \times \quad 3 \\ \hline \square\square \end{array}$$

❻
$$\begin{array}{r} \square \, \\ 15 \\ \times \quad 6 \\ \hline \square\square \end{array}$$

❼
$$\begin{array}{r} 30 \\ \times \quad 4 \\ \hline \square\square\square \end{array}$$

❽
$$\begin{array}{r} 60 \\ \times \quad 7 \\ \hline \square\square\square \end{array}$$

❾
$$\begin{array}{r} 50 \\ \times \quad 5 \\ \hline \square\square\square \end{array}$$

❿
$$\begin{array}{r} 21 \\ \times \quad 6 \\ \hline \square\square\square \end{array}$$

⓫
$$\begin{array}{r} 73 \\ \times \quad 3 \\ \hline \square\square\square \end{array}$$

⓬
$$\begin{array}{r} 84 \\ \times \quad 2 \\ \hline \square\square\square \end{array}$$

⓭
$$\begin{array}{r} \square \, \\ 18 \\ \times \quad 7 \\ \hline \square\square\square \end{array}$$

⓮
$$\begin{array}{r} \square \, \\ 27 \\ \times \quad 4 \\ \hline \square\square\square \end{array}$$

⓯
$$\begin{array}{r} \square \, \\ 38 \\ \times \quad 3 \\ \hline \square\square\square \end{array}$$

자르는 선

월 일

⑯ $\begin{array}{r} 130 \\ \times \quad 2 \\ \hline \square\square\square \end{array}$

⑰ $\begin{array}{r} 220 \\ \times \quad 4 \\ \hline \square\square\square \end{array}$

⑱ $\begin{array}{r} 310 \\ \times \quad 3 \\ \hline \square\square\square \end{array}$

⑲ $\begin{array}{r} 123 \\ \times \quad 3 \\ \hline \square\square\square \end{array}$

⑳ $\begin{array}{r} 421 \\ \times \quad 2 \\ \hline \square\square\square \end{array}$

㉑ $\begin{array}{r} 331 \\ \times \quad 3 \\ \hline \square\square\square \end{array}$

㉒ $\begin{array}{r} \square\ \\ 117 \\ \times \quad 4 \\ \hline \square\square\square \end{array}$

㉓ $\begin{array}{r} \square\ \\ 216 \\ \times \quad 2 \\ \hline \square\square\square \end{array}$

㉔ $\begin{array}{r} \square\ \\ 328 \\ \times \quad 3 \\ \hline \square\square\square \end{array}$

㉕ $\begin{array}{r} \square\ \ \\ 172 \\ \times \quad 4 \\ \hline \square\square\square \end{array}$

㉖ $\begin{array}{r} \square\ \ \\ 193 \\ \times \quad 3 \\ \hline \square\square\square \end{array}$

㉗ $\begin{array}{r} \square\ \ \\ 364 \\ \times \quad 2 \\ \hline \square\square\square \end{array}$

㉘ $\begin{array}{r} \square\square\ \\ 245 \\ \times \quad 3 \\ \hline \square\square\square \end{array}$

㉙ $\begin{array}{r} \square\square\ \\ 187 \\ \times \quad 5 \\ \hline \square\square\square \end{array}$

㉚ $\begin{array}{r} \square\square\ \\ 143 \\ \times \quad 7 \\ \hline \square\square\square\square \end{array}$

자르는 선

2주 두·세 자리 곱셈 (2)

❶
```
    3
× 2 4
-----
  1 2
  6
-----
  7 2
```

❷
```
    7
× 1 4
-----
```

❸
```
    4
× 2 3
-----
```

❹
```
    2
× 7 2
-----
```

❺
```
    3
× 6 3
-----
```

❻
```
    4
× 3 2
-----
```

❼
```
  1 3
× 1 6
-----
```

❽
```
  1 7
× 1 5
-----
```

❾
```
  2 3
× 2 4
-----
```

자르는 선

월 일

⑩
$$\begin{array}{r} 27 \\ \times\ 24 \\ \hline \end{array}$$

⑪
$$\begin{array}{r} 58 \\ \times\ 13 \\ \hline \end{array}$$

⑫
$$\begin{array}{r} 26 \\ \times\ 38 \\ \hline \end{array}$$

⑬
$$\begin{array}{r} 35 \\ \times\ 42 \\ \hline \end{array}$$

⑭
$$\begin{array}{r} 84 \\ \times\ 31 \\ \hline \end{array}$$

⑮
$$\begin{array}{r} 32 \\ \times\ 73 \\ \hline \end{array}$$

⑯
$$\begin{array}{r} 43 \\ \times\ 38 \\ \hline \end{array}$$

⑰
$$\begin{array}{r} 26 \\ \times\ 66 \\ \hline \end{array}$$

⑱
$$\begin{array}{r} 75 \\ \times\ 33 \\ \hline \end{array}$$

자르는 선

3주 두 자리 곱셈 (1)

❶ $\begin{array}{r} 12 \\ \times \quad 4 \\ \hline \end{array}$	❷ $\begin{array}{r} 22 \\ \times \quad 3 \\ \hline \end{array}$	❸ $\begin{array}{r} 41 \\ \times \quad 2 \\ \hline \end{array}$	❹ $\begin{array}{r} 13 \\ \times \quad 3 \\ \hline \end{array}$
❺ $\begin{array}{r} 15 \\ \times \quad 4 \\ \hline \end{array}$	❻ $\begin{array}{r} 26 \\ \times \quad 3 \\ \hline \end{array}$	❼ $\begin{array}{r} 13 \\ \times \quad 7 \\ \hline \end{array}$	❽ $\begin{array}{r} 29 \\ \times \quad 2 \\ \hline \end{array}$
❾ $\begin{array}{r} 50 \\ \times \quad 7 \\ \hline \end{array}$	❿ $\begin{array}{r} 90 \\ \times \quad 8 \\ \hline \end{array}$	⓫ $\begin{array}{r} 70 \\ \times \quad 7 \\ \hline \end{array}$	⓬ $\begin{array}{r} 40 \\ \times \quad 9 \\ \hline \end{array}$
⓭ $\begin{array}{r} 31 \\ \times \quad 5 \\ \hline \end{array}$	⓮ $\begin{array}{r} 72 \\ \times \quad 4 \\ \hline \end{array}$	⓯ $\begin{array}{r} 83 \\ \times \quad 3 \\ \hline \end{array}$	⓰ $\begin{array}{r} 51 \\ \times \quad 6 \\ \hline \end{array}$
⓱ $\begin{array}{r} 14 \\ \times \quad 7 \\ \hline \end{array}$	⓲ $\begin{array}{r} 16 \\ \times \quad 8 \\ \hline \end{array}$	⓳ $\begin{array}{r} 18 \\ \times \quad 9 \\ \hline \end{array}$	⓴ $\begin{array}{r} 19 \\ \times \quad 6 \\ \hline \end{array}$
㉑ $\begin{array}{r} 68 \\ \times \quad 3 \\ \hline \end{array}$	㉒ $\begin{array}{r} 93 \\ \times \quad 4 \\ \hline \end{array}$	㉓ $\begin{array}{r} 75 \\ \times \quad 5 \\ \hline \end{array}$	㉔ $\begin{array}{r} 98 \\ \times \quad 2 \\ \hline \end{array}$

자르는 선

월 일

㉕ $\begin{array}{r} 320 \\ \times \quad 2 \\ \hline \end{array}$

㉖ $\begin{array}{r} 210 \\ \times \quad 4 \\ \hline \end{array}$

㉗ $\begin{array}{r} 130 \\ \times \quad 3 \\ \hline \end{array}$

㉘ $\begin{array}{r} 214 \\ \times \quad 2 \\ \hline \end{array}$

㉙ $\begin{array}{r} 313 \\ \times \quad 3 \\ \hline \end{array}$

㉚ $\begin{array}{r} 221 \\ \times \quad 4 \\ \hline \end{array}$

㉛ $\begin{array}{r} 116 \\ \times \quad 3 \\ \hline \end{array}$

㉜ $\begin{array}{r} 237 \\ \times \quad 2 \\ \hline \end{array}$

㉝ $\begin{array}{r} 317 \\ \times \quad 3 \\ \hline \end{array}$

㉞ $\begin{array}{r} 192 \\ \times \quad 3 \\ \hline \end{array}$

㉟ $\begin{array}{r} 483 \\ \times \quad 2 \\ \hline \end{array}$

㊱ $\begin{array}{r} 162 \\ \times \quad 4 \\ \hline \end{array}$

㊲ $\begin{array}{r} 186 \\ \times \quad 4 \\ \hline \end{array}$

㊳ $\begin{array}{r} 155 \\ \times \quad 5 \\ \hline \end{array}$

㊴ $\begin{array}{r} 298 \\ \times \quad 3 \\ \hline \end{array}$

㊵ $\begin{array}{r} 476 \\ \times \quad 5 \\ \hline \end{array}$

㊶ $\begin{array}{r} 535 \\ \times \quad 4 \\ \hline \end{array}$

㊷ $\begin{array}{r} 747 \\ \times \quad 3 \\ \hline \end{array}$

자르는 선

4주 두 자리 곱셈 (2)

❶ $\begin{array}{r} 4 \\ \times\ 17 \\ \hline \end{array}$

❷ $\begin{array}{r} 5 \\ \times\ 23 \\ \hline \end{array}$

❸ $\begin{array}{r} 6 \\ \times\ 16 \\ \hline \end{array}$

❹ $\begin{array}{r} 4 \\ \times\ 24 \\ \hline \end{array}$

❺ $\begin{array}{r} 3 \\ \times\ 73 \\ \hline \end{array}$

❻ $\begin{array}{r} 8 \\ \times\ 31 \\ \hline \end{array}$

❼ $\begin{array}{r} 4 \\ \times\ 52 \\ \hline \end{array}$

❽ $\begin{array}{r} 2 \\ \times\ 74 \\ \hline \end{array}$

❾ $\begin{array}{r} 7 \\ \times\ 22 \\ \hline \end{array}$

❿ $\begin{array}{r} 6 \\ \times\ 38 \\ \hline \end{array}$

⓫ $\begin{array}{r} 5 \\ \times\ 92 \\ \hline \end{array}$

⓬ $\begin{array}{r} 3 \\ \times\ 87 \\ \hline \end{array}$

⓭ $\begin{array}{r} 13 \\ \times\ 15 \\ \hline \end{array}$

⓮ $\begin{array}{r} 12 \\ \times\ 12 \\ \hline \end{array}$

⓯ $\begin{array}{r} 41 \\ \times\ 12 \\ \hline \end{array}$

⓰ $\begin{array}{r} 33 \\ \times\ 22 \\ \hline \end{array}$

⓱ $\begin{array}{r} 24 \\ \times\ 24 \\ \hline \end{array}$

⓲ $\begin{array}{r} 32 \\ \times\ 13 \\ \hline \end{array}$

⓳ $\begin{array}{r} 36 \\ \times\ 13 \\ \hline \end{array}$

⓴ $\begin{array}{r} 21 \\ \times\ 28 \\ \hline \end{array}$

자르는 선

월 일

㉑ $\begin{array}{r} 35 \\ \times\ 28 \\ \hline \end{array}$

㉒ $\begin{array}{r} 47 \\ \times\ 16 \\ \hline \end{array}$

㉓ $\begin{array}{r} 81 \\ \times\ 12 \\ \hline \end{array}$

㉔ $\begin{array}{r} 18 \\ \times\ 35 \\ \hline \end{array}$

㉕ $\begin{array}{r} 33 \\ \times\ 73 \\ \hline \end{array}$

㉖ $\begin{array}{r} 99 \\ \times\ 81 \\ \hline \end{array}$

㉗ $\begin{array}{r} 27 \\ \times\ 72 \\ \hline \end{array}$

㉘ $\begin{array}{r} 37 \\ \times\ 42 \\ \hline \end{array}$

㉙ $\begin{array}{r} 52 \\ \times\ 34 \\ \hline \end{array}$

㉚ $\begin{array}{r} 47 \\ \times\ 43 \\ \hline \end{array}$

㉛ $\begin{array}{r} 63 \\ \times\ 72 \\ \hline \end{array}$

㉜ $\begin{array}{r} 84 \\ \times\ 32 \\ \hline \end{array}$

㉝ $\begin{array}{r} 55 \\ \times\ 45 \\ \hline \end{array}$

㉞ $\begin{array}{r} 29 \\ \times\ 83 \\ \hline \end{array}$

㉟ $\begin{array}{r} 76 \\ \times\ 42 \\ \hline \end{array}$

㊱ $\begin{array}{r} 63 \\ \times\ 57 \\ \hline \end{array}$

㊲ $\begin{array}{r} 36 \\ \times\ 55 \\ \hline \end{array}$

㊳ $\begin{array}{r} 86 \\ \times\ 41 \\ \hline \end{array}$

㊴ $\begin{array}{r} 91 \\ \times\ 82 \\ \hline \end{array}$

㊵ $\begin{array}{r} 49 \\ \times\ 29 \\ \hline \end{array}$

자르는 선

5주 나머지가 없는 나눗셈

❶

```
   □□
2)2 4
  □
  ---
    4
    □
  ---
    0
```

❷

```
   □□
3)3 3
  □
  ---
    3
    □
  ---
    0
```

❸

```
   □□
4)4 8
  □
  ---
    8
    □
  ---
    0
```

❹

```
   □□
5)6 5
  □
  ---
  □ 5
  □□
  ---
    0
```

❺

```
   □□
7)8 4
  □
  ---
  □ 4
  □□
  ---
    0
```

❻

```
   □□
6)7 2
  □
  ---
  □ 2
  □□
  ---
    0
```

❼

```
   □□
8)9 6
  □
  ---
  □ 6
  □□
  ---
    0
```

❽

```
   □□
7)9 1
  □
  ---
  □ 1
  □□
  ---
    0
```

❾

```
   □□
5)8 5
  □
  ---
  □ 5
  □□
  ---
    0
```

자르는 선

월 일

⑩ $4 \overline{)88}$ … 0

⑪ $3 \overline{)93}$ … 0

⑫ $2 \overline{)86}$ … 0

⑬ $3 \overline{)78}$ … 0

⑭ $4 \overline{)92}$ … 0

⑮ $3 \overline{)75}$ … 0

⑯ $2 \overline{)76}$ … 0

⑰ $4 \overline{)96}$ … 0

⑱ $2 \overline{)58}$ … 0

자르는 선

6주 나머지가 있는 나눗셈

❶
```
     □
7) 6 5
   □ □
   ———
     □
```

❷
```
     □
8) 5 5
   □ □
   ———
     □
```

❸
```
     □
6) 3 8
   □ □
   ———
     □
```

❹
```
   □ □
2) 6 5
   □
   ———
     5
     □
   ———
     □
```

❺
```
   □ □
3) 6 8
   □
   ———
     8
     □
   ———
     □
```

❻
```
   □ □
7) 7 4
   □
   ———
     4
```

❼
```
   □ □
3) 8 5
   □
   ———
   □ 5
   □ □
   ———
     □
```

❽
```
   □ □
2) 7 1
   □
   ———
   □ 1
   □ □
   ———
     □
```

❾
```
   □ □
4) 9 5
   □
   ———
   □ 5
   □ □
   ———
     □
```

자르는 선

월 일

⑩ 9)85

⑪ 4)29

⑫ 5)49

⑬ 3)97

⑭ 4)89

⑮ 5)54

⑯ 4)69

⑰ 2)31

⑱ 6)73

자르는 선

7주 문해결 나눗셈 (1)

❶ $36 \div 7 = \square \cdots \square$

❷ $77 \div 8 = \square \cdots \square$

❸ $72 \div 7 = \square \cdots \square$

❹ $57 \div 9 = \square \cdots \square$

❺ $65 \div 6 = \square \cdots \square$

❻ $54 \div 4 = \square \cdots \square$

❼ $82 \div 9 = \square \cdots \square$

❽ $23 \div 8 = \square \cdots \square$

❾ $66 \div 4 = \square \cdots \square$

❿ $43 \div 5 = \square \cdots \square$

⓫ $54 \div 7 = \square \cdots \square$

⓬ $23 \div 6 = \square \cdots \square$

⓭ $4\overline{)\,5\ 0}$ $\quad \square \cdots \square$

⓮ $3\overline{)\,3\ 4}$ $\quad \square \cdots \square$

⓯ $7\overline{)\,8\ 8}$ $\quad \square \cdots \square$

⓰ $5\overline{)\,6\ 1}$ $\quad \square \cdots \square$

자르는 선

월 일

⑰ $22 \div 3 = \square \cdots \square$

⑱ $71 \div 6 = \square \cdots \square$

⑲ $58 \div 7 = \square \cdots \square$

⑳ $57 \div 5 = \square \cdots \square$

㉑ $71 \div 2 = \square \cdots \square$

㉒ $55 \div 4 = \square \cdots \square$

㉓ $66 \div 5 = \square \cdots \square$

㉔ $91 \div 2 = \square \cdots \square$

㉕ $86 \div 7 = \square \cdots \square$

㉖ $95 \div 9 = \square \cdots \square$

㉗ $52 \div 6 = \square \cdots \square$

㉘ $46 \div 4 = \square \cdots \square$

㉙ $4 \overline{)19}$ $\square \cdots \square$

㉚ $2 \overline{)47}$ $\square \cdots \square$

㉛ $6 \overline{)80}$ $\square \cdots \square$

㉜ $6 \overline{)39}$ $\square \cdots \square$

자르는 선

8주 문해결 나눗셈 (2)

❶ $23 \div 4 = 5 \cdots 3$

$\boxed{23} = \boxed{20} + \boxed{3}$

❷ $72 \div 5 = 14 \cdots 2$

$\square = \square + \square$

❸ $37 \div 3 = 12 \cdots 1$

$\square = \square + \square$

❹ $45 \div 4 = 11 \cdots 1$

$\square = \square + \square$

❺ $15 \div 2 = 7 \cdots 1$

$\square = \square + \square$

❻ $37 \div 6 = 6 \cdots 1$

$\square = \square + \square$

❼ $58 \div 3 = 19 \cdots 1$

$\square = \square + \square$

❽ $89 \div 7 = 12 \cdots 5$

$\square = \square + \square$

❾ $69 \div 5 = 13 \cdots 4$

$\square = \square + \square$

❿ $87 \div 8 = 10 \cdots 7$

$\square = \square + \square$

⓫ $93 \div 5 = 18 \cdots 3$

$\square = \square + \square$

⓬ $49 \div 2 = 24 \cdots 1$

$\square = \square + \square$

자르는 선

월 일

⑬ [58] ÷ 7 = 8 ⋯ 2

[58] = [56] + [2]

⑭ [ ] ÷ 5 = 4 ⋯ 3

[ ] = [ ] + [ ]

⑮ [ ] ÷ 3 = 12 ⋯ 1

[ ] = [ ] + [ ]

⑯ [ ] ÷ 7 = 10 ⋯ 5

[ ] = [ ] + [ ]

⑰ [ ] ÷ 6 = 11 ⋯ 5

[ ] = [ ] + [ ]

⑱ [ ] ÷ 9 = 5 ⋯ 8

[ ] = [ ] + [ ]

⑲ [ ] ÷ 4 = 12 ⋯ 1

[ ] = [ ] + [ ]

⑳ [ ] ÷ 5 = 15 ⋯ 2

[ ] = [ ] + [ ]

㉑ [ ] ÷ 8 = 11 ⋯ 3

[ ] = [ ] + [ ]

㉒ [ ] ÷ 2 = 35 ⋯ 1

[ ] = [ ] + [ ]

㉓ [ ] ÷ 3 = 23 ⋯ 2

[ ] = [ ] + [ ]

㉔ [ ] ÷ 4 = 20 ⋯ 3

[ ] = [ ] + [ ]

자르는 선

정 답

1주 두·세 자리 곱셈 (1)

1~2쪽

① 42 ② 99 ③ 84 ④ 1,78 ⑤ 2,81 ⑥ 3,90 ⑦ 120 ⑧ 420 ⑨ 250 ⑩ 126 ⑪ 219 ⑫ 168
⑬ 5,126 ⑭ 2,108 ⑮ 2,114 ⑯ 260 ⑰ 880 ⑱ 930 ⑲ 369 ⑳ 842 ㉑ 993
㉒ 2,468 ㉓ 1,432 ㉔ 2,984 ㉕ 2,688 ㉖ 2,579 ㉗ 1,728
㉘ 1,1,735 ㉙ 4,3,935 ㉚ 3,2,1001

2주 두·세 자리 곱셈 (2)

3~4쪽

① 12,6,72 ② 28,7,98 ③ 12,8,92 ④ 4,14,144 ⑤ 9,18,189 ⑥ 8,12,128
⑦ 78,13,208 ⑧ 85,17,255 ⑨ 92,46,552 ⑩ 108,54,648 ⑪ 174,58,754
⑫ 208,78,988 ⑬ 70,140,1470 ⑭ 84,252,2604 ⑮ 96,224,2336
⑯ 344,129,1634 ⑰ 156,156,1716 ⑱ 225,225,2475

3주 두 자리 곱셈 (1)

5~6쪽

① 48 ② 66 ③ 82 ④ 39 ⑤ 60 ⑥ 78 ⑦ 91 ⑧ 58 ⑨ 350 ⑩ 720 ⑪ 490 ⑫ 360
⑬ 155 ⑭ 288 ⑮ 249 ⑯ 306 ⑰ 98 ⑱ 128 ⑲ 162 ⑳ 114 ㉑ 204 ㉒ 372 ㉓ 375 ㉔ 196
㉕ 640 ㉖ 840 ㉗ 390 ㉘ 428 ㉙ 939 ㉚ 884 ㉛ 348 ㉜ 474 ㉝ 951 ㉞ 576 ㉟ 966 ㊱ 648
㊲ 744 ㊳ 775 ㊴ 894 ㊵ 2380 ㊶ 2140 ㊷ 2241

4주 두 자리 곱셈 (2)

7~8쪽

① 68 ② 115 ③ 96 ④ 96 ⑤ 219 ⑥ 248 ⑦ 208 ⑧ 148 ⑨ 154 ⑩ 228 ⑪ 460 ⑫ 261
⑬ 195 ⑭ 144 ⑮ 492 ⑯ 726 ⑰ 576 ⑱ 416 ⑲ 468 ⑳ 588 ㉑ 980 ㉒ 752 ㉓ 972 ㉔ 630
㉕ 2409 ㉖ 8019 ㉗ 1944 ㉘ 1554 ㉙ 1768 ㉚ 2021
㉛ 4536 ㉜ 2688 ㉝ 2475 ㉞ 2407 ㉟ 3192 ㊱ 3591
㊲ 1980 ㊳ 3526 ㊴ 7462 ㊵ 1421

5주 나머지가 없는 나눗셈

9~10쪽

① 1,2,2,4 ② 1,1,3,3 ③ 1,2,4,8 ④ 1,3,5,1,1,5
⑤ 1,2,7,1,1,4 ⑥ 1,2,6,1,1,2 ⑦ 1,2,8,1,1,6 ⑧ 1,3,7,2,2,1
⑨ 1,7,5,3,3,5 ⑩ 2,2,8,8,8 ⑪ 3,1,9,3,3 ⑫ 4,3,8,6,6
⑬ 2,6,6,1,8,1,8 ⑭ 2,3,8,1,2,1,2 ⑮ 2,5,6,1,5,1,5 ⑯ 3,8,6,1,6,1,6
⑰ 2,4,8,1,6,1,6 ⑱ 2,9,4,1,8,1,8

6주 나머지가 있는 나눗셈

11~12쪽

① 9,6,3,2 ② 6,4,8,7 ③ 6,3,6,2 ④ 3,2,6,4,1 ⑤ 2,2,6,6,2 ⑥ 1,0,7
⑦ 2,8,6,2,2,4,1 ⑧ 3,5,6,1,1,0,1 ⑨ 2,3,8,1,1,2,3 ⑩ 9,8,1,4
⑪ 7,2,8,1 ⑫ 9,4,5,4 ⑬ 3,2,9,7,6,1 ⑭ 2,2,8,9,8,1
⑮ 1,0,5,4 ⑯ 1,7,4,2,9,2,8,1 ⑰ 1,5,2,1,1,1,0,1 ⑱ 1,2,6,1,3,1,2,1

7주 문해결 나눗셈 (1)

13~14쪽

① 5,1 ② 9,5 ③ 10,2 ④ 6,3 ⑤ 10,5 ⑥ 13,2 ⑦ 9,1 ⑧ 2,7 ⑨ 16,2 ⑩ 8,3
⑪ 7,5 ⑫ 3,5 ⑬ 12,2 ⑭ 11,1 ⑮ 12,4 ⑯ 12,1 ⑰ 7,1 ⑱ 11,5 ⑲ 8,2 ⑳ 11,2
㉑ 35,1 ㉒ 13,3 ㉓ 13,1 ㉔ 45,1 ㉕ 12,2 ㉖ 10,5 ㉗ 8,4 ㉘ 11,2 ㉙ 4,3 ㉚ 23,1
㉛ 13,2 ㉜ 6,3

8주 문해결 나눗셈 (2)

15~16쪽

① 23,20,3 ② 72,70,2 ③ 37,36,1 ④ 45,44,1 ⑤ 15,14,1 ⑥ 37,36,1
⑦ 58,57,1 ⑧ 89,84,5 ⑨ 69,65,4 ⑩ 87,80,7 ⑪ 93,90,3 ⑫ 49,48,1
⑬ 58,58,56,2 ⑭ 23,23,20,3 ⑮ 37,37,36,1 ⑯ 75,75,70,5 ⑰ 71,71,66,5 ⑱ 53,53,45,8
⑲ 49,49,48,1 ⑳ 77,77,75,2 ㉑ 91,91,88,3 ㉒ 71,71,70,1 ㉓ 71,71,69,2 ㉔ 83,83,80,3

사고셈

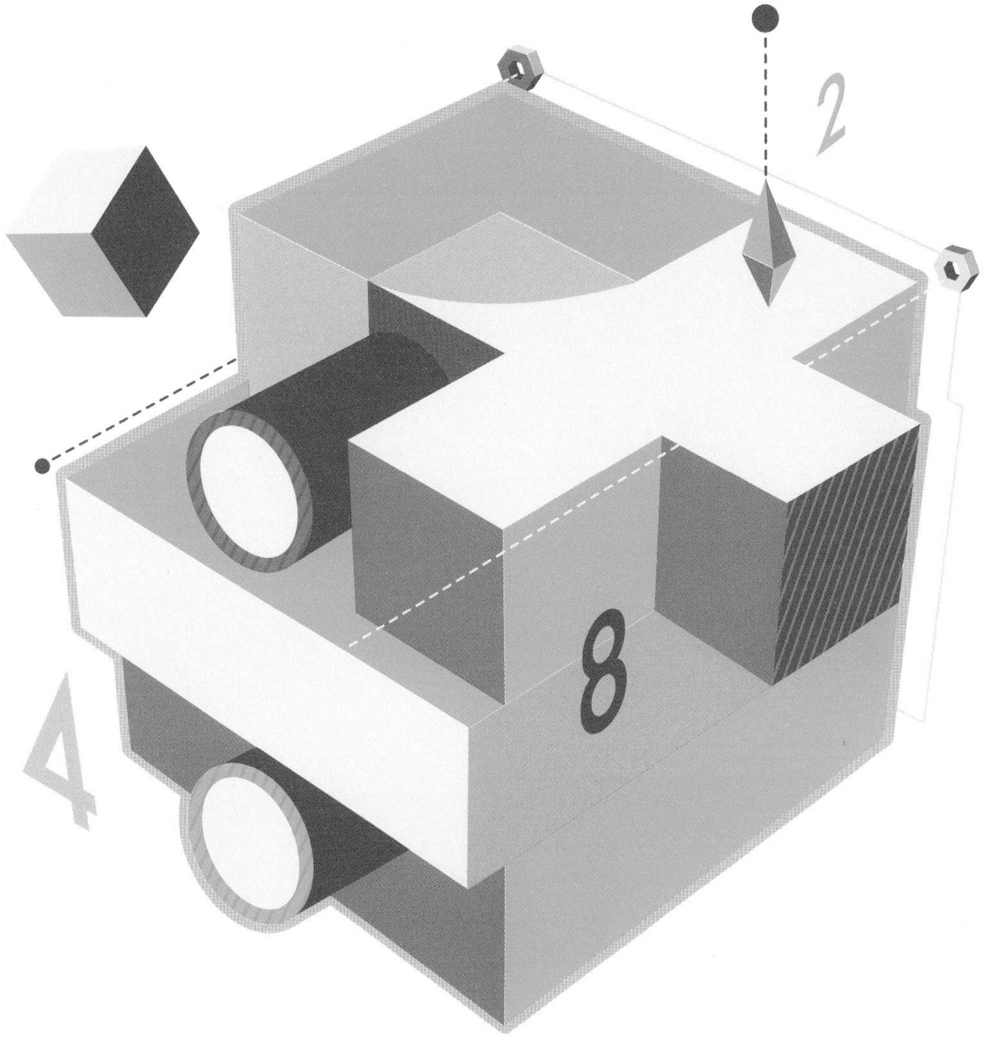

초등3 3호

이 책의 구성과 특징

생각의 힘을 키우는 사고(思考)셈은 1주 4개, 8주 32개의 사고력 유형 학습을 통해 수와 연산에 대한 개념의 응용력(추론 및 문제해결능력)을 키울 수 있도록 하였습니다.

사고력 연산

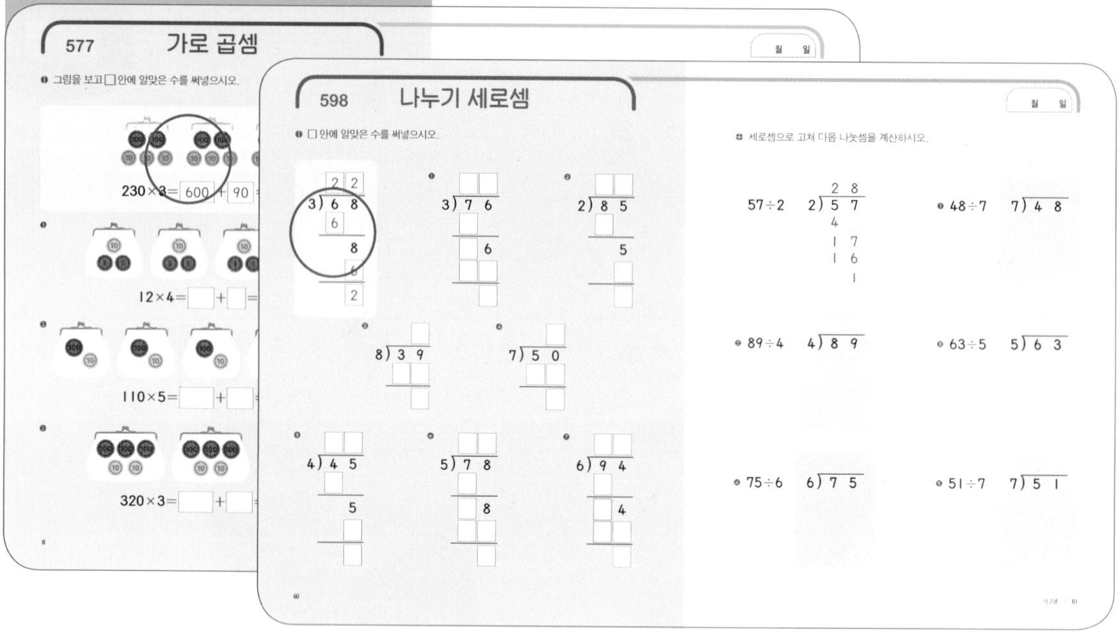
577 가로 곱셈
월 일
그림을 보고 □ 안에 알맞은 수를 써넣으시오.
230×3= 600 + 90
12×4= □ + □
110×5= □ + □
320×3= □ + □

598 나누기 세로셈
월 일
□ 안에 알맞은 수를 써넣으시오.
세로셈으로 고쳐 다음 나눗셈을 계산하시오.
57÷2
48÷7
89÷4
63÷5
75÷6
51÷7

- 대표 사고력 유형으로 연산 원리를 쉽게쉽게
- 1~4일차: 다양한 유형의 주 진도 학습

잘 공부했는지 알아봅시다.

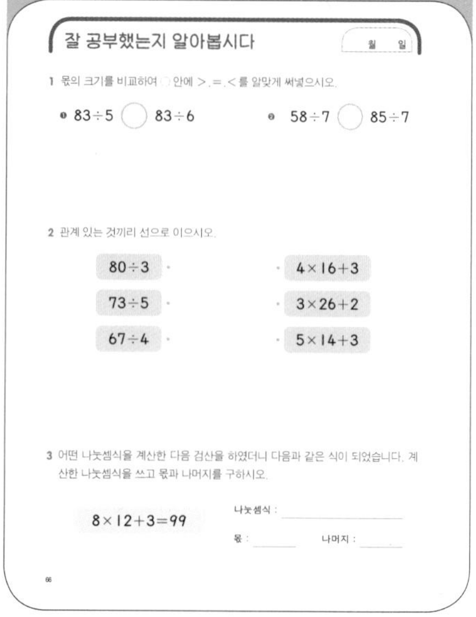
잘 공부했는지 알아봅시다
월 일
1 몫의 크기를 비교하여 ○ 안에 >, =, <를 알맞게 써넣으시오.
83÷5 ○ 83÷6
58÷7 ○ 85÷7
2 관계 있는 것끼리 선으로 이으시오.
80÷3 · · 4×16+3
73÷5 · · 3×26+2
67÷4 · · 5×14+3
3 어떤 나눗셈식을 계산한 다음 검산을 하였더니 다음과 같은 식이 되었습니다. 계산한 나눗셈식을 쓰고 몫과 나머지를 구하시오.
8×12+3=99
나눗셈식 :
몫 :
나머지 :

- 5일차 점검 학습: 주 진도 학습 확인

권두부록 (기본연산 Check-Book)

기본연산 Check-Book

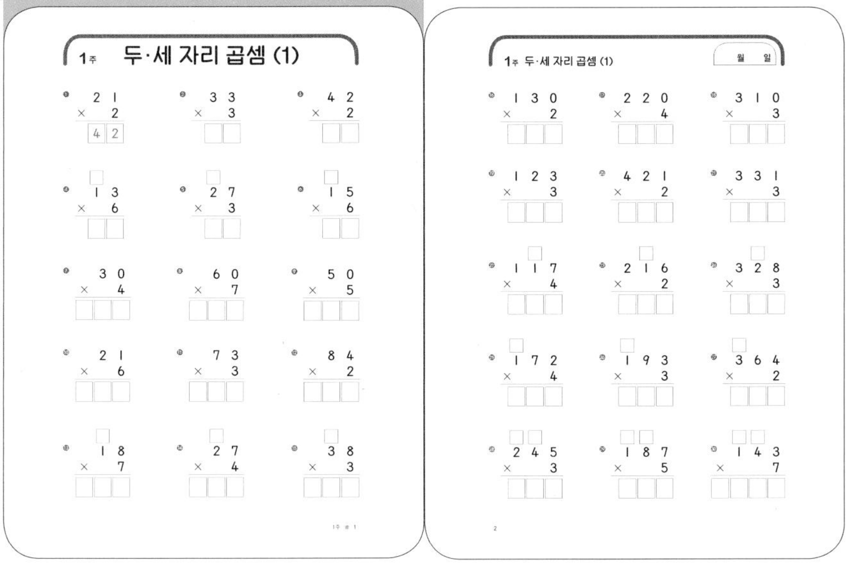

- 본 학습 전 기본연산 실력 진단

권말부록 (G-Book)

Guide Book(정답 및 해설)

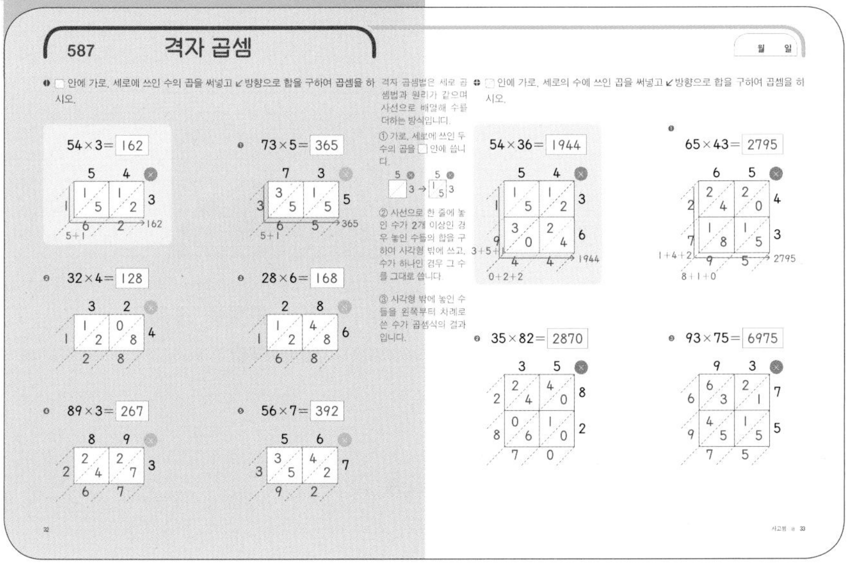

- 문제와 답을 한 눈에!
- 상세한 풀이와 친절한 해설, 답

학습 효과 및 활용법

학습 효과

- 수학적 사고력 향상
- 스스로 생각을 만드는 직관 학습
- 연산의 원리 이해
- 다양한 유형으로 수 조작력 향상
- 생각의 다양성 향상
- 추론능력, 문제해결력 향상
- 수·연산 영역 완벽 대비
- 진도 학습 및 점검 학습으로 연산 학습 완성

사고셈

주차별 활용법

1단계
기본연산 Check-Book으로 준비 학습

→

2단계
사고력 유형으로 진도 학습

→

3단계
마무리 문제로 점검 학습

1단계 : 기본연산 Check-Book으로 사고력 연산을 위한 준비 학습을 합니다.

2단계 : 사고력 유형으로 사고력 연산의 진도 학습을 합니다.

3단계 : 한 주마다 점검 학습(잘 공부했는지 알아봅시다)으로 사고력 향상을 확인합니다.

학습 구성

6세

1호	10까지의 수
2호	더하기 빼기 1과 2
3호	합이 9까지인 덧셈
4호	한 자리 수의 뺄셈과 세 수의 계산

7세

1호	한 자리 수의 덧셈과 뺄셈
2호	10 만들기
3호	50까지의 수
4호	더하기 빼기 1과 2, 10과 20

초등 1

1호	덧셈구구
2호	뺄셈구구와 덧셈, 뺄셈 혼합
3호	100까지의 수, 1000까지의 수
4호	받아올림, 받아내림 없는 두 자리 수의 계산

초등 2

1호	두 자리 수와 한 자리 수의 덧셈과 뺄셈
2호	두 자리 수의 덧셈과 뺄셈
3호	곱셈구구
4호	곱셈과 나눗셈 구구

초등 3

1호	세·네 자리 수의 덧셈과 뺄셈5
2호	분수와 소수의 기초
3호	두 자리 수의 곱셈과 나눗셈
4호	분수

초등 4

1호	분수의 덧셈과 뺄셈
2호	혼합 계산
3호	소수의 덧셈과 뺄셈
4호	어림하기

이 책의 **학습 로드맵**

START
시작

1주
두 • 세 자리 곱셈 (1)

2주
두 • 세 자리 곱셈 (2)

3주
두 자리 곱셈 (1)

4주
두 자리 곱셈 (2)

5주
나머지가 없는 나눗셈

6주
나머지가 있는 나눗셈

7주
문해결 나눗셈 (1)

8주
문해결 나눗셈 (2)

GOAL
완성

1 두·세 자리 곱셈 (1)

577 가로 곱셈

◐ 그림을 보고 □ 안에 알맞은 수를 써넣으시오.

230×3= 600 + 90 = 690

❶

12×4= □ + □ = □

❷

110×5= □ + □ = □

❸

320×3= □ + □ = □

월 일

□ 안에 알맞은 수를 써넣으시오.

$21 \times 3 = \boxed{60} + \boxed{3}$
$= \boxed{63}$

❶ $121 \times 3 = \square + \square + \square$
$= \square$

❷ $101 \times 3 = \square + \square$
$= \square$

❸ $231 \times 3 = \square + \square + \square$
$= \square$

❹ $32 \times 3 = \square + \square$
$= \square$

❺ $423 \times 2 = \square + \square + \square$
$= \square$

❻ $220 \times 4 = \square + \square$
$= \square$

❼ $212 \times 4 = \square + \square + \square$
$= \square$

❽ $11 \times 8 = \square + \square$
$= \square$

❾ $111 \times 9 = \square + \square + \square$
$= \square$

578 두 세로셈

◐ 두 가지 방법으로 세로셈을 한 것입니다. □ 안에 알맞은 수를 써넣으시오.

					[2]	
	3	6			3	6
×		4		×		4
	[2	4]		[1]	[4]	[4]
[1	2	0]				
[1	4	4]				

❶

					□	
	2	7			2	7
×		6		×		6
	□			□	□	□
□						
□						

❷

							□	
	6	1	8			6	1	8
×			4		×			4
			□		□	□	□	□
			□					
□								
□								

❸

					□		
2	4	1			2	4	1
×		3		×			3
		□			□	□	□
□							
□							
□							

보기와 같이 두 가지 방법으로 계산하시오.

보기

$$\begin{array}{r} 174 \\ \times \quad 5 \\ \hline 20 \\ 350 \\ 500 \\ \hline 870 \end{array} \qquad \begin{array}{r} {\scriptstyle 3\ 2\ \ } \\ 174 \\ \times \quad 5 \\ \hline 870 \end{array}$$

❶

$$\begin{array}{r} 164 \\ \times \quad 6 \\ \hline \end{array} \qquad \begin{array}{r} 164 \\ \times \quad 6 \\ \hline \end{array}$$

❷

$$\begin{array}{r} 19 \\ \times \ 4 \\ \hline \end{array} \qquad \begin{array}{r} 19 \\ \times \ 4 \\ \hline \end{array}$$

❸

$$\begin{array}{r} 83 \\ \times \ 7 \\ \hline \end{array} \qquad \begin{array}{r} 83 \\ \times \ 7 \\ \hline \end{array}$$

❹

$$\begin{array}{r} 207 \\ \times \quad 8 \\ \hline \end{array} \qquad \begin{array}{r} 207 \\ \times \quad 8 \\ \hline \end{array}$$

❺

$$\begin{array}{r} 930 \\ \times \quad 4 \\ \hline \end{array} \qquad \begin{array}{r} 930 \\ \times \quad 4 \\ \hline \end{array}$$

579 하우스

◐ 곱셈을 하여 빈칸에 알맞은 수를 써넣으시오.

× 3	
21	63
42	126
27	81

❶

× 7	
30	
12	
41	

❷

× 5	
81	
40	
16	

❸

× 4	
200	
312	
107	

❹

× 4	
140	
315	
276	

❺

× 6	
51	
13	
45	

❻

× 4	
15	
61	
77	

❼

× 3	
31	
72	
28	

◆ 빈칸에 알맞은 수를 써넣으시오.

×	7
30	210
21	147
18	126

❶

×	
22	
15	60
72	

❷

×	
35	105
20	
16	

❸

×	
110	
443	886
309	

❹

×	
206	
230	690
512	

❺

×	
40	320
15	
31	

❻

×	
31	
62	
22	88

❼

×	
14	
20	100
61	

580 숫자 카드 목표수

◐ 숫자 카드를 모두 한 번씩 사용하여 곱셈식을 완성하시오.

예시: 4 5 7

$54 \times 7 = 378$

❶ 2 8 3

$\square\square \times \square = 184$

❷ 3 4 5

$\square\square \times \square = 135$

❸ 2 4 6

$\square\square \times \square = 144$

❹ 7 3 7

$\square\square \times \square = 259$

❺ 3 5 8

$\square\square \times \square = 424$

❻ 1 7 3 4

$\square\square\square \times \square = 441$

❼ 2 3 4 6

$\square\square\square \times \square = 2492$

◆ 곱셈식에 맞게 왼쪽 숫자 카드를 한 번씩 써넣으시오.

(예) 숫자 카드: 1, 2, 8

$12 \times 8 = 96$ $\quad$ $81 \times 2 = 162$ $\quad$ $18 \times 2 = 36$

❶ 숫자 카드: 2, 3, 7

$\square\square \times \square = 161$ $\quad$ $\square\square \times \square = 216$ $\quad$ $\square\square \times \square = 81$

❷ 숫자 카드: 3, 5, 8

$\square\square \times \square = 280$ $\quad$ $\square\square \times \square = 415$ $\quad$ $\square\square \times \square = 190$

❸ 숫자 카드: 0, 1, 2, 4

$\square\square\square \times \square = 480$ $\quad$ $\square\square\square \times \square = 280$ $\quad$ $\square\square\square \times \square = 802$

잘 공부했는지 알아봅시다

월 일

1 덧셈식을 곱셈식으로 나타내고 답을 구하시오.

$$127+127+127+127+127+127+127$$

식 : ____________________ 답 : __________

2 계산 결과가 다른 하나를 찾아 ○표 하시오.

81×8 162×4 62×9 216×3

3 ○ 안에 >, =, <를 알맞게 써넣으시오.

❶ 72×6 ○ 72×8

❷ 64×8 ○ 59×8

❸ 37×9 ○ 111×3

❹ 125×5 ○ 75×9

4 계산 결과에 맞게 세 장의 숫자 카드를 한 번씩 사용하여 곱셈식을 만들어 보시오.

3 4 7 → □□ × □ = 148

2 두·세 자리 곱셈 (2)

581 지우기

◐ 숫자를 하나씩 차례로 지우고 곱셈을 하시오.

63×41

$\cancel{6}3 \times 41 = 123$
$6\cancel{3} \times 41 = 246$
$63 \times \cancel{4}1 = 63$
$63 \times 4\cancel{1} = 252$

❶ **52×34**

$\cancel{5}2 \times 34 =$
$5\cancel{2} \times 34 =$
$52 \times \cancel{3}4 =$
$52 \times 3\cancel{4} =$

❷ **36×25**

$\cancel{3}6 \times 25 =$
$3\cancel{6} \times 25 =$
$36 \times \cancel{2}5 =$
$36 \times 2\cancel{5} =$

❸ **47×28**

$\cancel{4}7 \times 28 =$
$4\cancel{7} \times 28 =$
$47 \times \cancel{2}8 =$
$47 \times 2\cancel{8} =$

❹ **62×37**

$\cancel{6}2 \times 37 =$
$6\cancel{2} \times 37 =$
$62 \times \cancel{3}7 =$
$62 \times 3\cancel{7} =$

❺ **53×49**

$\cancel{5}3 \times 49 =$
$5\cancel{3} \times 49 =$
$53 \times \cancel{4}9 =$
$53 \times 4\cancel{9} =$

월 일

숫자 하나를 지워 올바른 곱셈식을 만드시오.

$52 \times \not{3}2 = 104$ → $52 \times 2 = 104$

❶ $48 \times 72 = 288$ → ____________

❷ $29 \times 13 = 117$ → ____________

❸ $92 \times 58 = 460$ → ____________

❹ $63 \times 38 = 189$ → ____________

❺ $24 \times 54 = 96$ → ____________

❻ $85 \times 67 = 335$ → ____________

❼ $39 \times 42 = 126$ → ____________

582 벌레 먹은 셈

◐ 지워진 수를 구하시오.

$$\begin{array}{r} 7\,\boxed{4}\,2 \\ \times \quad\; 6 \\ \hline 4\,4\,5\,2 \end{array}$$

❶
$$\begin{array}{r} \square\,6 \\ \times \quad 3 \\ \hline 1\,0\,8 \end{array}$$

❷
$$\begin{array}{r} 6\,1\,2 \\ \times \quad\; \square \\ \hline 3\,6\,7\,2 \end{array}$$

❸
$$\begin{array}{r} 2\,7\,\square \\ \times \quad\; 3 \\ \hline 8\,1\,9 \end{array}$$

❹
$$\begin{array}{r} 9\,\square \\ \times \quad 7 \\ \hline 6\,3\,7 \end{array}$$

❺
$$\begin{array}{r} 3\,0\,2 \\ \times \quad\; \square \\ \hline 2\,4\,1\,6 \end{array}$$

❻
$$\begin{array}{r} 1\,\square\,4 \\ \times \quad\; 6 \\ \hline 6\,8\,4 \end{array}$$

❼
$$\begin{array}{r} \square\,2 \\ \times \quad 7 \\ \hline 5\,7\,4 \end{array}$$

❽
$$\begin{array}{r} \square\,3\,2 \\ \times \quad\; 5 \\ \hline 2\,1\,6\,0 \end{array}$$

❾
$$\begin{array}{r} 5\,7\,2 \\ \times \quad\; \square \\ \hline 5\,1\,4\,8 \end{array}$$

❿
$$\begin{array}{r} 2\,\square \\ \times \quad 9 \\ \hline 2\,4\,3 \end{array}$$

⓫
$$\begin{array}{r} 2\,\square\,5 \\ \times \quad\; 3 \\ \hline 7\,6\,5 \end{array}$$

⊕ ★과 ●에 알맞은 수를 구하시오.

(예시)

	★	1	7
×			●
	6	5	1

★ = 2
● = 3

❶

	4	★	3
×			●
2	8	9	8

★ = □
● = □

❷

		★
×	●	2
1	5	6

★ = □
● = □

❸

	★	1	4
×			●
1	2	4	2

★ = □
● = □

❹

	★	6
×		●
3	9	2

★ = □
● = □

❺

			★
×	2	●	2
1	0	8	8

★ = □
● = □

❻

	★	9
×		●
1	9	5

★ = □
● = □

❼

			★
×	4	●	7
4	3	8	3

★ = □
● = □

583 큰 곱 작은 곱

◐ 숫자 카드를 한 번씩 사용하여 곱셈식을 만든 것입니다. 가장 큰 곱에 ○표, 가장 작은 곱에 △표 하시오.

숫자 카드: 2, 4, 5

$45 \times 2 = 90$ △	$54 \times 2 = 108$	$25 \times 4 = 100$
$52 \times 4 = 208$	$24 \times 5 = 120$	$42 \times 5 = 210$ ○

❶

숫자 카드: 2, 3, 8

38×2	83×2	28×3
82×3	23×8	32×8

숫자 카드를 한 번씩만 사용하여 곱이 가장 큰 경우와 가장 작은 경우의 (두 자리 수) × (한 자리 수)의 곱셈식을 만들고 값을 구하시오.

숫자 카드: 2, 6, 8

곱이 가장 큰 경우	곱이 가장 작은 경우
$62 \times 8 = 496$	$68 \times 2 = 136$

❶ 숫자 카드: 2, 5, 7

곱이 가장 큰 경우	곱이 가장 작은 경우

❷ 숫자 카드: 3, 4, 9

곱이 가장 큰 경우	곱이 가장 작은 경우

584 곱셈 네모

◐ □ 안에 들어갈 수 있는 수에 모두 ○표 하시오.

$86 \times \square < 240$

(1) (2) 3 4 5

❶ $35 \times \square > 170$

2 3 4 5 6

❷ $68 \times \square < 380$

4 5 6 7 8

❸ $50 \times \square < 221$

3 4 5 6 7

❹ $127 \times \square < 530$

2 3 4 5 6

❺ $230 \times \square > 853$

1 2 3 4 5

❻ $320 \times \square > 991$

1 2 3 4 5

❼ $182 \times \square < 690$

2 3 4 5 6

❽ $593 \times \square < 3000$

3 4 5 6 7

❾ $711 \times \square > 4500$

5 6 7 8 9

□ 안에 들어갈 수 있는 수 중에서 가장 큰 수를 쓰시오.

$36 \times \boxed{2} < 80$

❶ $71 \times \square < 350$

❷ $54 \times \square < 440$

❸ $65 \times \square < 330$

❹ $42 \times \square < 140$

❺ $28 \times \square < 210$

❻ $311 \times \square < 1000$

❼ $390 \times \square < 2500$

□ 안에 들어갈 수 있는 수 중에서 가장 작은 수를 쓰시오.

$27 \times \boxed{2} > 52$

❽ $53 \times \square > 170$

❾ $62 \times \square > 410$

❿ $83 \times \square > 300$

⓫ $38 \times \square > 180$

⓬ $72 \times \square > 200$

⓭ $46 \times \square > 250$

⓮ $24 \times \square > 30$

⓯ $59 \times \square > 250$

⓰ $310 \times \square > 712$

⓱ $621 \times \square > 1900$

잘 공부했는지 알아봅시다

월 일

1 □ 안에 알맞은 수를 써넣으시오.

❶
$$\begin{array}{r} \square\ 2 \\ \times \quad \square \\ \hline 1\ 5\ 6 \end{array}$$

❷
$$\begin{array}{r} \square\ \square \\ \times \quad 7 \\ \hline 4\ \square\ 5 \end{array}$$

2 곱셈식에서 ★과 ♥에 알맞은 수를 구하시오.

$$\begin{array}{r} ★\ 1\ 7 \\ \times \quad ♥ \\ \hline 1\ 3\ 0\ 2 \end{array}$$

★ = □

♥ = □

3 세 장의 숫자 카드를 한 번씩만 사용하여 곱이 가장 큰 곱셈식을 만드시오.

3 6 4 →
$$\begin{array}{r} \square\ \square \\ \times \quad \square \\ \hline \end{array}$$

4 □ 안에 들어갈 수 있는 자연수는 모두 몇 개입니까?

$$2 \times 500 < 265 \times \square < 3 \times 600$$

3 두 자리 곱셈 (1)

585 두 자리 세로셈

◐ □ 안에 알맞은 수를 써넣으시오.

$$\begin{array}{r} 12 \\ \times\ 73 \\ \hline 36 \\ 84 \\ \hline 876 \end{array}$$

❶
$$\begin{array}{r} 32 \\ \times\ 43 \\ \hline \square\square \\ \square\square\square \\ \hline \square\square\square\square \end{array}$$

❷
$$\begin{array}{r} 26 \\ \times\ 64 \\ \hline \square\square\square \\ \square\square\square \\ \hline \square\square\square\square \end{array}$$

❸
$$\begin{array}{r} 63 \\ \times\ 25 \\ \hline \square\square\square \\ \square\square\square \\ \hline \square\square\square\square \end{array}$$

❹
$$\begin{array}{r} 32 \\ \times\ 14 \\ \hline \square\square\square \\ \square\square \\ \hline \square\square\square \end{array}$$

❺
$$\begin{array}{r} 14 \\ \times\ 26 \\ \hline \square\square \\ \square\square \\ \hline \square\square\square \end{array}$$

❻
$$\begin{array}{r} 67 \\ \times\ 39 \\ \hline \square\square\square \\ \square\square\square \\ \hline \square\square\square\square \end{array}$$

❼
$$\begin{array}{r} 16 \\ \times\ 34 \\ \hline \square\square \\ \square\square \\ \hline \square\square\square \end{array}$$

❽
$$\begin{array}{r} 36 \\ \times\ 25 \\ \hline \square\square\square \\ \square\square \\ \hline \square\square\square \end{array}$$

월 일

세로셈으로 고쳐 곱셈을 하시오.

$25 \times 63 = \boxed{1575}$

$$\begin{array}{r} 25 \\ \times\ 63 \\ \hline 75 \\ 150 \\ \hline 1575 \end{array}$$

❶ $19 \times 75 = \square$

$$\begin{array}{r} 19 \\ \times\ 75 \\ \hline \end{array}$$

❷ $62 \times 24 = \square$

$$\begin{array}{r} 62 \\ \times\ 24 \\ \hline \end{array}$$

❸ $17 \times 53 = \square$

$$\begin{array}{r} 17 \\ \times\ 53 \\ \hline \end{array}$$

❹ $92 \times 17 = \square$

$$\begin{array}{r} 92 \\ \times\ 17 \\ \hline \end{array}$$

❺ $48 \times 21 = \square$

$$\begin{array}{r} 48 \\ \times\ 21 \\ \hline \end{array}$$

586 어림하기

◑ 곱셈 결과를 어림하여 ○표 하고, 계산 값과 어림한 값의 차를 구하시오. 단, 두 값의 차가 **100**보다 작게 어림합니다.

	어림한 값	계산 값	차
273×6	(1600) 1400	$\begin{array}{r} 273 \\ \times \quad 6 \\ \hline 1638 \end{array}$	1638−1600 =38

❶

	어림한 값	계산 값	차
314×5	1600 1800		

❷

	어림한 값	계산 값	차
438×4	1600 1800		

곱셈 결과를 몇백 또는 몇천으로 어림하고, 계산 값과 어림한 값의 차를 구하시오. 단, 두 값의 차가 100보다 작게 어림합니다.

	어림한 값	계산 값	차
21×38	800	$\begin{array}{r} 21 \\ \times\ 38 \\ \hline 168 \\ 63\ \ \\ \hline 798 \end{array}$	$800-798$ $=2$

❶

	어림한 값	계산 값	차
46×65			

❷

	어림한 값	계산 값	차
35×27			

격자 곱셈

◐ ▱ 안에 가로, 세로에 쓰인 수의 곱을 써넣고 ↙방향으로 합을 구하여 곱셈을 하시오.

$54 \times 3 =$ 162

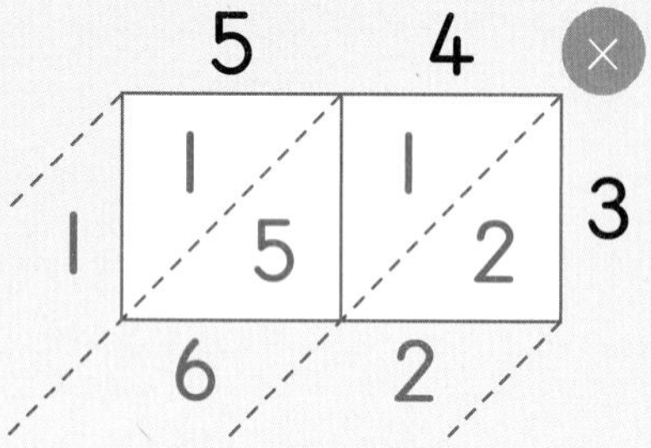

❶ $73 \times 5 =$ ☐

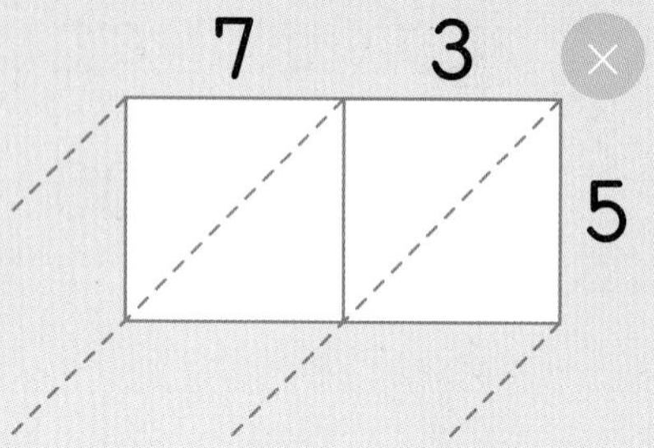

❷ $32 \times 4 =$ ☐

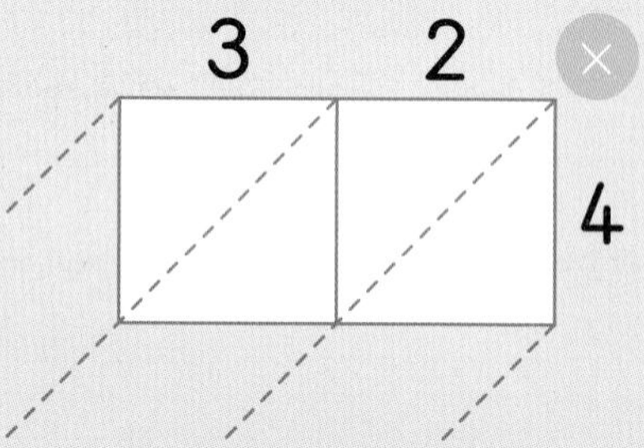

❸ $28 \times 6 =$ ☐

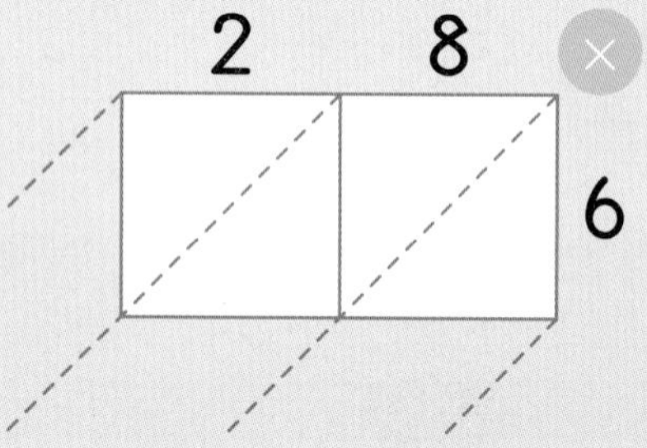

❹ $89 \times 3 =$ ☐

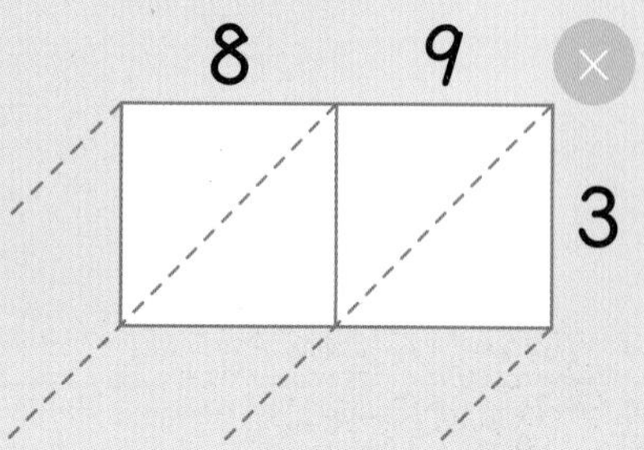

❺ $56 \times 7 =$ ☐

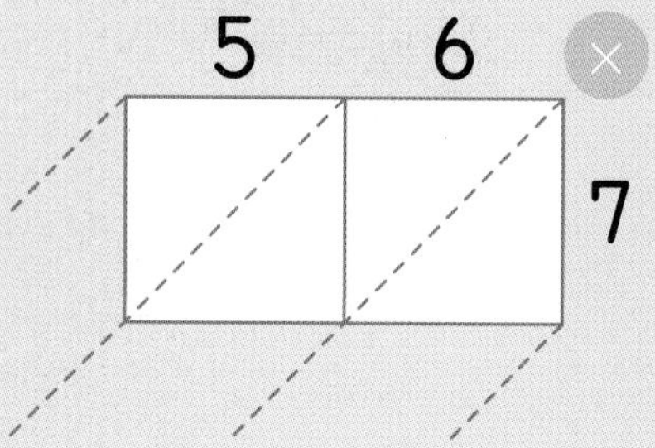

⊕ ▱ 안에 가로, 세로의 수에 쓰인 곱을 써넣고 ↙방향으로 합을 구하여 곱셈을 하시오.

$54 \times 36 =$ 1944

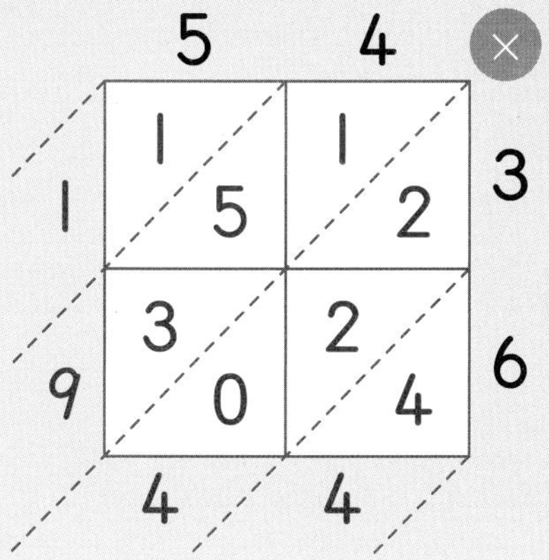

❶ $65 \times 43 =$ ☐

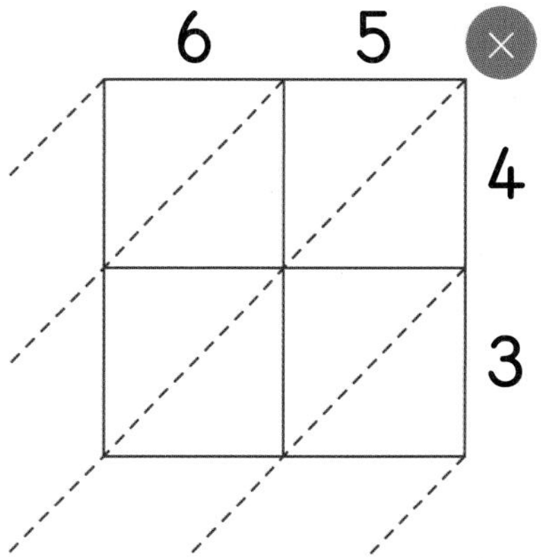

❷ $35 \times 82 =$ ☐

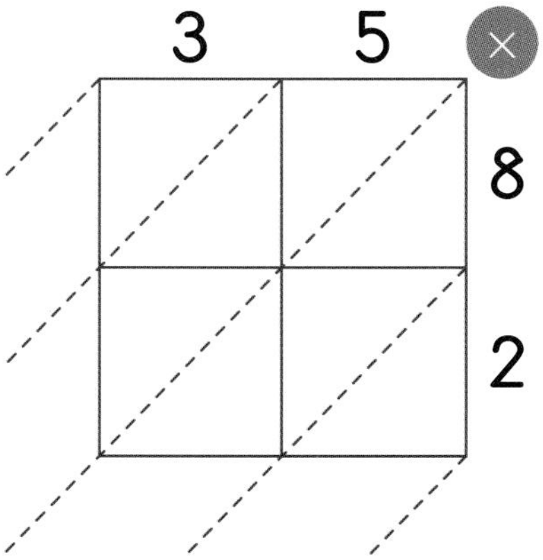

❸ $93 \times 75 =$ ☐

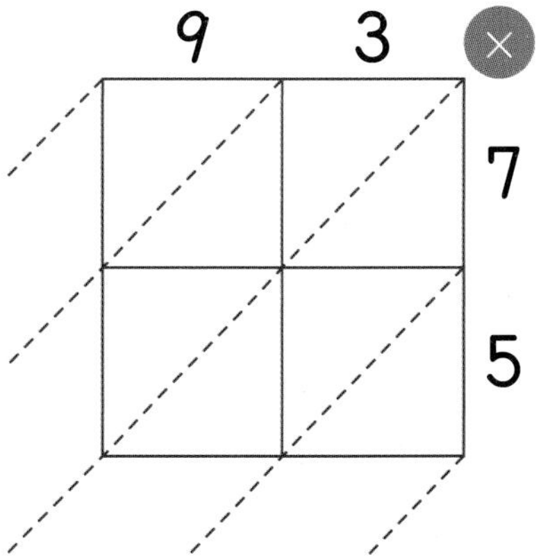

588 숫자 카드 조건

◐ 숫자 카드를 한 번씩만 사용하여 곱셈식을 만듭니다. □ 안에 알맞은 수를 써넣으시오.

5	4
2	7

가장 큰 두 자리 수는 [75] 입니다.

가장 작은 두 자리 수는 [24] 입니다.

가장 큰 두 자리 수와 가장 작은 두 자리 수의 곱은

[75] × [24] = [1800] 입니다.

❶

3	5
0	8

가장 작은 세 자리 수는 □ 입니다.

나머지 한 자리 수는 □ 입니다.

가장 작은 세 자리 수와 나머지 한 자리 수의 곱은

□ × □ = □ 입니다.

❷

7	2
6	1

가장 큰 두 자리 수는 □ 입니다.

가장 작은 두 자리 수는 □ 입니다.

가장 큰 두 자리 수와 가장 작은 두 자리 수의 곱은

□ × □ = □ 입니다.

◆ 숫자 카드를 한 번씩 사용하여 조건에 맞는 곱셈식을 만들고 값을 구하시오.

조건

가장 큰 두 자리 수와
가장 작은 두 자리 수의 곱

3	5
9	7

$$\begin{array}{r} 9\,7 \\ \times\ 3\,5 \\ \hline 4\,8\,5 \\ 2\,9\,1 \\ \hline 3\,3\,9\,5 \end{array}$$

❶ **조건**

가장 큰 두 자리 수와
가장 작은 두 자리 수의 곱

5	8
6	2

❷ **조건**

가장 큰 세 자리 수와
나머지 한 자리 수의 곱

4	6
7	3

❸ **조건**

가장 작은 세 자리 수와
나머지 한 자리 수의 곱

4	8
0	2

잘 공부했는지 알아봅시다

월 일

1 계산 결과가 다른 하나를 찾아 ○표 하시오.

27×24 54×12 18×36 42×14

2 다음 두 수의 합과 차를 구하고, 구한 합과 차의 곱을 구하시오.

35 56

두 수의 합 : ________ 두 수의 차 : ________ 합과 차의 곱 : ________

3 네 장의 숫자 카드를 한 번씩만 사용하여 두 자리 수를 만들 때, 가장 큰 두 자리 수와 가장 작은 두 자리 수의 곱을 구하시오.

2 7 3 8

4 □ 안에 들어갈 수 있는 자연수 중에서 가장 큰 수를 구하시오.

$\square 3 \times 15 < 1000$

4 두 자리 곱셈 (2)

589 가우스 덧셈

◐ 덧셈을 곱셈으로 고쳐서 계산하시오.

$13+14+15+16+17+18+19=16\times$ [7] $=$ [112]

16+16

16+16

16+16

❶ $8+9+10+11+12+13+14+15=23\times$ ☐ $=$ ☐

23

23

23

23

❷ $22+23+24+25+26=24\times$ ☐ $=$ ☐

24+24

24+24

❸ $17+18+19+20+21+22=39\times$ ☐ $=$ ☐

39

39

39

❹ $35+36+37+38+39+40+41=38\times$ ☐ $=$ ☐

38+38

38+38

38+38

월 일

다음 수를 모두 쓰고 곱셈식을 이용하여 수의 합을 구하시오.

21보다 크고 29보다 작은 수

[22] + [23] + [24] + [25] + [26] + [27] + [28]

= [25] × [7] = [175]

❶ 15보다 크고 20보다 작은 수

[ ] + [ ] + [ ] + [ ] = [ ] × [ ] = [ ]

❷ 12에서 18까지의 수

[ ] + [ ] + [ ] + [ ] + [ ] + [ ] + [ ]

= [ ] × [ ] = [ ]

❸ 12보다 크고 28보다 작은 홀수

[ ] + [ ] + [ ] + [ ] + [ ] + [ ] + [ ] + [ ]

= [ ] × [ ] = [ ]

❹ 12보다 크고 28보다 작은 짝수

[ ] + [ ] + [ ] + [ ] + [ ] + [ ] + [ ]

= [ ] × [ ] = [ ]

590 잘못된 계산

◐ 잘못 계산된 것을 찾아 모두 ×표 하시오.

$$\begin{array}{r} 96 \\ \times\ \ 6 \\ \hline 36 \\ 54 \\ \hline 576 \end{array} \qquad \begin{array}{r} 27 \\ \times\ \ 8 \\ \hline 56 \\ 16 \\ \hline 72 \end{array} \qquad \begin{array}{r} 83 \\ \times\ 20 \\ \hline 166 \end{array} \qquad \begin{array}{r} 90 \\ \times\ 18 \\ \hline 720 \\ 90 \\ \hline 1620 \end{array}$$

❶

$$\begin{array}{r} 94 \\ \times\ \ 9 \\ \hline 36 \\ 81 \\ \hline 117 \end{array} \qquad \begin{array}{r} 31 \\ \times\ \ 6 \\ \hline 6 \\ 18 \\ \hline 186 \end{array} \qquad \begin{array}{r} 48 \\ \times\ 25 \\ \hline 240 \\ 96 \\ \hline 1200 \end{array} \qquad \begin{array}{r} 159 \\ \times\ \ \ 8 \\ \hline 72 \\ 40 \\ 8 \\ \hline 912 \end{array}$$

❷

$$\begin{array}{r} 86 \\ \times\ 25 \\ \hline 430 \\ 172 \\ \hline 2150 \end{array} \qquad \begin{array}{r} 207 \\ \times\ \ \ 6 \\ \hline 42 \\ 12 \\ \hline 162 \end{array} \qquad \begin{array}{r} 64 \\ \times\ \ 9 \\ \hline 36 \\ 54 \\ \hline 576 \end{array} \qquad \begin{array}{r} 35 \\ \times\ 67 \\ \hline 245 \\ 21 \\ \hline 455 \end{array}$$

◆ 잘못 계산한 곳을 찾아 바르게 고치시오.

```
  7 6          7 6
× 4 1        × 4 1
-----        -------
  7 6    →       7 6
3 0 4        3 0 4
-----        -------
3 8 0        3 1 1 6
```

❶

```
  5 6          5 6
×   8        ×   8
-----        -----
  4 8    →
  4 0
-----
  8 8
```

❷

```
  1 5 3        1 5 3
×     9      ×     9
-------      -------
    2 7  →
    4 5
  9
-------
  9 7 2
```

❸

```
    7 6          7 6
  × 3 9        × 3 9
  -----        -----
  6 8 4  →
  2 2 8
  -----
  9 1 2
```

❹

```
    5 9          5 9
  × 5 3        × 5 3
  -------      -----
  1 7 7  →
2 5
-------
2 6 7 7
```

❺

```
  5 0 2        5 0 2
×     8      ×     8
-------      -------
    1 6  →
  4 0
-------
  4 1 6
```

591 곱셈 문장제

◐ 문제에 맞게 식의 □ 안에 알맞은 수를 써넣으시오.

세호네 농장에는 토끼가 24마리 있습니다. 토끼의 다리는 모두 몇 개입니까?

식 : 24 × 4 = 96 (개) 답 : 96 개

❶ 지은이네 마을에는 박씨 성을 가진 사람이 126명이고 김씨 성을 가진 사람은 박씨 성의 4배입니다. 김씨 성을 가진 사람은 모두 몇 명입니까?

식 : □ × □ = □ (명) 답 : □ 명

❷ 명지네 학교 3학년은 12반까지 있습니다. 한 반의 학생이 28명일 때, 명지네 학교 3학년 학생은 모두 몇 명입니까?

식 : □ × □ = □ (명) 답 : □ 명

❸ 마을버스의 초등학생 요금은 450원입니다. 6명의 초등학생이 마을버스를 타려면 얼마를 내야 합니까?

식 : □ × □ = □ (원) 답 : □ 원

❹ 학생 한 명당 18개의 사탕을 나누어 주려고 합니다. 학생이 모두 23명일 때, 사탕은 모두 몇 개가 필요합니까?

식 : □ × □ = □ (개) 답 : □ 개

월 일

◆ 식과 답을 쓰시오.

서준이는 매일 34쪽씩 책을 읽습니다. 서준이가 2주일 동안 읽은 책은 모두 몇 쪽입니까?

식 : $2\times7=14$, $34\times14=476$(쪽) 답 : 476 쪽

❶ 수현이네 3학년 여학생의 수는 138명이고, 3학년 남학생의 수는 3학년 여학생 수의 2배입니다. 4학년의 학생 수는 3학년 남학생 수의 4배일 때, 4학년 학생 수는 몇 명입니까?

식 : ______ 답 : ______ 명

❷ 미니 열차에는 총 5칸이 있습니다. 한 칸에 25명이 탈 수 있다고 할 때, 미니 열차 8대에 탈 수 있는 사람은 모두 몇 명입니까?

식 : ______ 답 : ______ 명

❸ 우미네 학교 3학년은 9반까지 있습니다. 한 반의 학생이 32명이고 학생 한 명 당 공책을 8권씩 줄 때, 필요한 공책은 모두 몇 권입니까?

식 : ______ 답 : ______ 권

❹ 어느 공장에서는 하루에 230대씩 자동차를 생산합니다. 자동차 한 대에는 4개의 타이어가 필요합니다. 이 공장에서 7일 동안 생산하는 자동차에 필요한 타이어는 모두 몇 개입니까?

식 : ______ 답 : ______ 개

592 바르게 계산하기

◐ 같은 모양은 같은 수를 나타냅니다. □ 안에 알맞은 수를 써넣으시오.

●+63=100
●×63= 2331

❶ 214−▲=208
214×▲= □

❷ ■−12=40
■×47= □

❸ 100−♣=96
804×♣= □

❹ 90−♥=83
213×♥= □

❺ ♠−18=6
♠×89= □

❻ ★+52=66
★×52= □

❼ 31+◆=57
68×◆= □

❽ ◈+67=71
◈×275= □

❾ 99−⊙=72
34×⊙= □

□를 사용한 식으로 나타내고 바르게 계산하시오.

어떤 수에 27을 곱해야 할 것을 잘못하여 더했더니 85가 되었습니다. 바르게 계산한 값을 구하시오.

덧셈식 : □+27=85

어떤 수 : □=85−27=58

바른 계산 : 58×27=1566

❶ 어떤 수에 8을 곱해야 할 것을 잘못하여 뺐더니 215가 되었습니다. 바르게 계산한 값을 구하시오.

뺄셈식 :

어떤 수 :

바른 계산 :

❷ 어떤 수에 55를 곱해야 할 것을 잘못하여 더했더니 94가 되었습니다. 바르게 계산한 값을 구하시오.

덧셈식 :

어떤 수 :

바른 계산 :

❸ 어떤 수에 6을 곱해야 할 것을 잘못하여 더했더니 494가 되었습니다. 바르게 계산한 값을 구하시오.

덧셈식 :

어떤 수 :

바른 계산 :

잘 공부했는지 알아봅시다

월 일

1 다음을 계산하시오.

$$1+2+3+\cdots+48+49+50$$

2 소희네 학교의 전체 학생은 512명입니다. 한 명에게 공책을 4권씩 나누어 주려면 필요한 공책은 모두 몇 권입니까?

식 : ________________ 답 : ________ 권

3 어떤 수에 32를 곱해야 할 것을 잘못하여 더했더니 67이 되었습니다. 바르게 계산한 값을 구하시오.

식 : ________________ 답 : ________

4 형철이는 70원짜리 편지 봉투 15장을 사고 3000원을 냈습니다. 형철이가 받아야 할 거스름돈은 얼마입니까?

식 : ________________ 답 : ________ 원

5 나머지가 없는 나눗셈

593 동전 나누기

◐ 그림을 보고 □ 안에 알맞은 수를 써넣으시오.

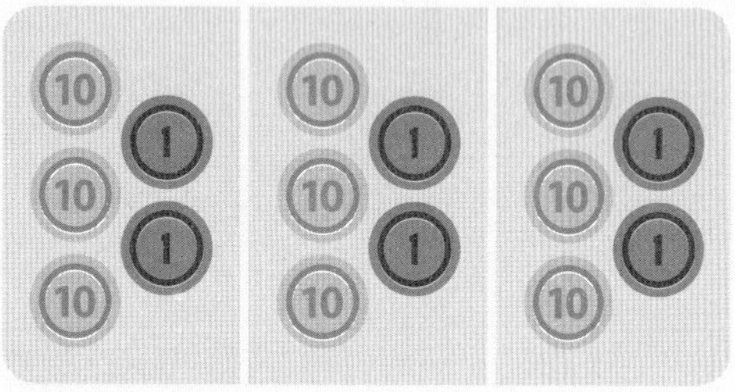

$\boxed{96} \div 3 = \boxed{32}$

❶

$\square \div 4 = \square$

❷

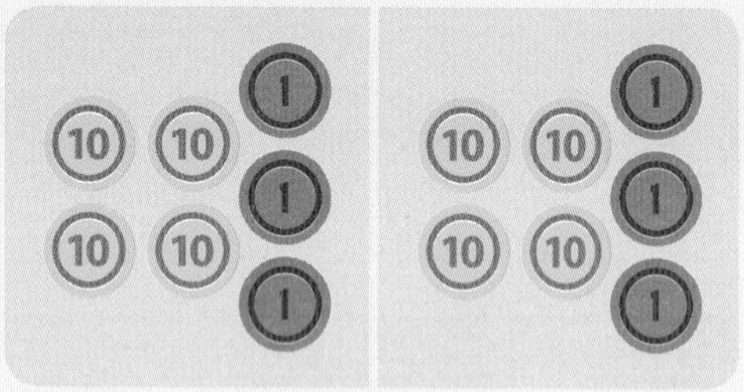

$\square \div 2 = \square$

❸

$\square \div 3 = \square$

❹

$\square \div 4 = \square$

❺

$\square \div 2 = \square$

나누는 수만큼 묶음의 수가 되도록 동전을 나누고, □ 안에 알맞은 수를 써넣으시오. 단, 금액이 모두 같도록 나누어야 합니다.

63 ÷ 3 = 21

❶

□ ÷ 4 = □

❷

□ ÷ 2 = □

❸

□ ÷ 5 = □

❹

□ ÷ 3 = □

❺

□ ÷ 6 = □

594 나머지 없는 세로셈

◐ □ 안에 알맞은 수를 써넣으시오.

```
    2 6
  ┌────
2 ) 5 2
    4
  ─────
    1 2
    1 2
  ─────
      0
```

❶
```
    □ □
  ┌────
3 ) 9 6
    □
  ─────
      6
      □
  ─────
      0
```

❷
```
    □ □
  ┌────
5 ) 9 5
    □
  ─────
    □ 5
    □ □
  ─────
      0
```

❸
```
    □ □
  ┌────
3 ) 6 9
    □
  ─────
      9
      □
  ─────
      0
```

❹
```
    □ □
  ┌────
4 ) 7 2
    □
  ─────
    □ 2
    □ □
  ─────
      0
```

❺
```
    □ □
  ┌────
8 ) 9 6
    □
  ─────
    □ 6
    □ □
  ─────
      0
```

❻
```
    □ □
  ┌────
4 ) 9 2
    □
  ─────
    □ 2
    □ □
  ─────
      0
```

❼
```
    □ □
  ┌────
7 ) 8 4
    □
  ─────
    □ 4
    □ □
  ─────
      0
```

월 일

⊕ 세로셈으로 고쳐 다음 나눗셈을 하시오.

84÷4

$$\begin{array}{r} 21 \\ 4\overline{)84} \\ \underline{8} \\ 4 \\ \underline{4} \\ 0 \end{array}$$

❶ 65÷5

❷ 93÷3

❸ 76÷4

❹ 98÷7

❺ 86÷2

595 선긋기

◐ 관계 있는 것끼리 선으로 이으시오.

60÷2	45÷3	88÷8
11	15	30

❶

93÷3	54÷6	72÷4
9	18	31

❷

77÷7	84÷6	90÷5
11	18	14

❸

50÷5	91÷7	76÷4
13	10	19

❹

81÷3	80÷4	45÷3
15	27	20

❺

98÷2	36÷6	96÷8
12	6	49

◆ 몫이 같은 것끼리 선으로 이으시오.

$70 \div 7$	$44 \div 2$	$72 \div 3$
$88 \div 4$	$48 \div 2$	$20 \div 2$

❶

$84 \div 7$	$54 \div 9$	$68 \div 4$
$48 \div 8$	$60 \div 5$	$51 \div 3$

❷

$99 \div 3$	$49 \div 7$	$80 \div 4$
$60 \div 3$	$42 \div 6$	$66 \div 2$

❸

$45 \div 3$	$66 \div 6$	$72 \div 8$
$63 \div 7$	$99 \div 9$	$90 \div 6$

❹

$52 \div 4$	$28 \div 7$	$93 \div 3$
$62 \div 2$	$78 \div 6$	$36 \div 9$

❺

$96 \div 4$	$34 \div 2$	$69 \div 3$
$85 \div 5$	$72 \div 3$	$92 \div 4$

596 숫자 카드 목표수

◐ 숫자 카드를 한 번씩 모두 사용하여 나눗셈식을 완성하시오.

3 4 5

4 5 ÷ 3 = 15

❶ 6 3 9

□□ ÷ □ = 23

❷ 2 4 5

□□ ÷ □ = 27

❸ 5 5 6

□□ ÷ □ = 13

❹ 3 4 8

□□ ÷ □ = 16

❺ 4 6 8

□□ ÷ □ = 14

❻ 6 9 4

□□ ÷ □ = 24

❼ 8 4 3

□□ ÷ □ = 28

월 일

숫자 카드를 한 번씩 모두 사용하여 계산 결과에 맞는 나눗셈식을 쓰시오.

8	4	6

$64 \div 8 = 8$

$84 \div 6 = 14$

$68 \div 4 = 17$

❶

8	1	9

________ $= 2$

________ $= 9$

________ $= 98$

❷

4	2	6

________ $= 4$

________ $= 23$

________ $= 32$

❸

4	8	2

________ $= 3$

________ $= 42$

________ $= 24$

❹

9	3	6

________ $= 4$

________ $= 23$

________ $= 32$

❺

3	7	5

________ $= 5$

________ $= 19$

________ $= 25$

잘 공부했는지 알아봅시다

월 일

1 세로셈으로 다음 나눗셈을 하시오.

❶ $3\overline{)87}$

❷ $5\overline{)70}$

❸ $2\overline{)68}$

2 몫이 같은 것끼리 선으로 이으시오.

28÷4 •	• 34÷2
36÷3 •	• 63÷9
85÷5 •	• 72÷6

3 숫자 카드를 한 번씩 모두 사용하여 계산 결과에 맞는 나눗셈식을 만드시오.

3 4 8

□□÷□=16

□□÷□=28

6 나머지가 있는 나눗셈

597 구슬 묶기

◐ 구슬을 ▢ 안의 수만큼 묶은 다음, 묶음의 수를 ◯ 안에 쓰고 남은 구슬의 수는 △ 안에 써넣으시오.

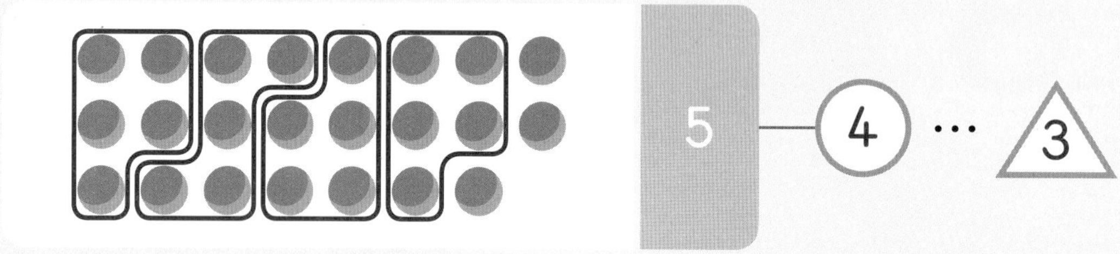

❶

❷

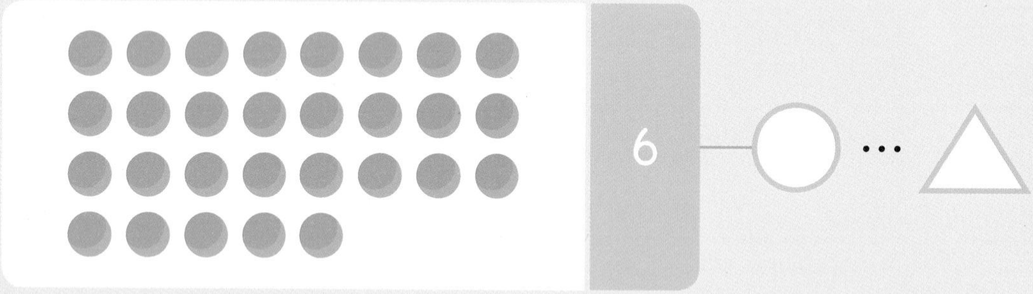

❸

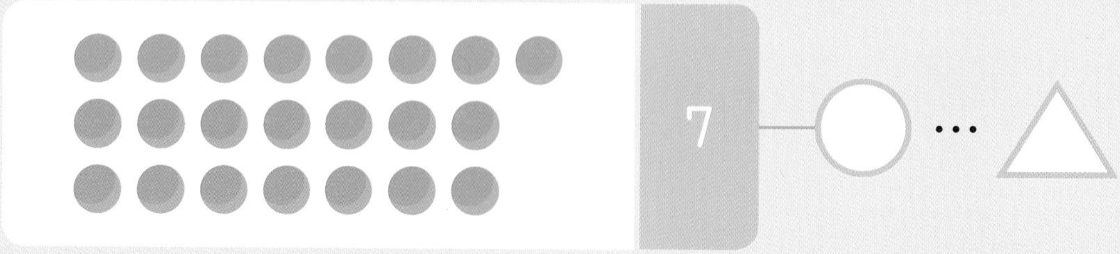

◆ 그림을 보고 □ 안에 알맞은 수를 써넣으시오.

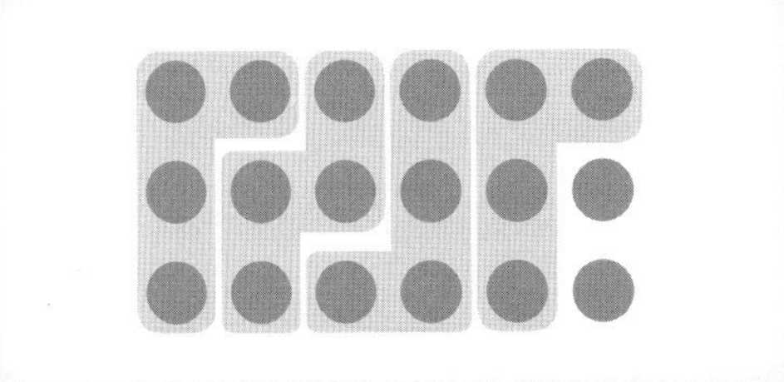

18 ÷ 4 = 4 ··· 2

❶

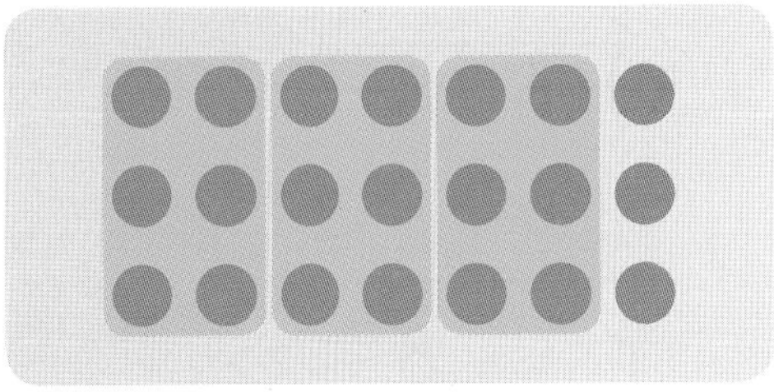

□ ÷ 6 = □ ··· □

❷

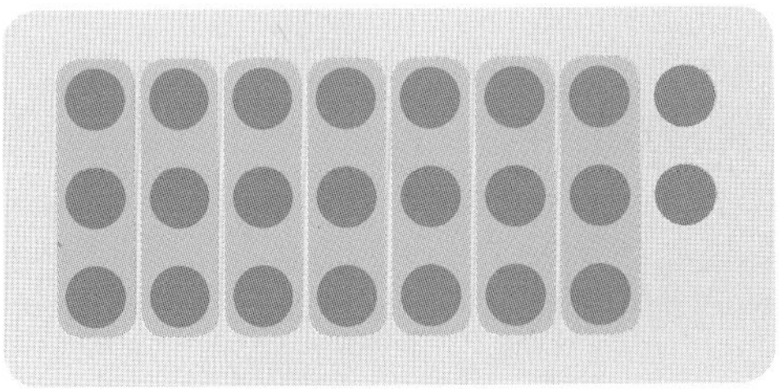

□ ÷ 3 = □ ··· □

❸

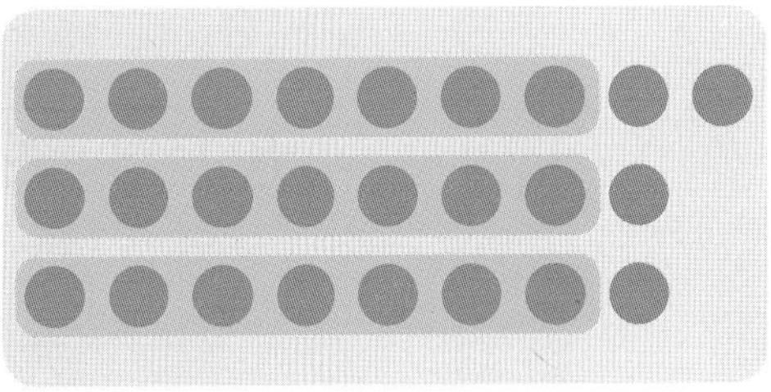

□ ÷ 7 = □ ··· □

❹

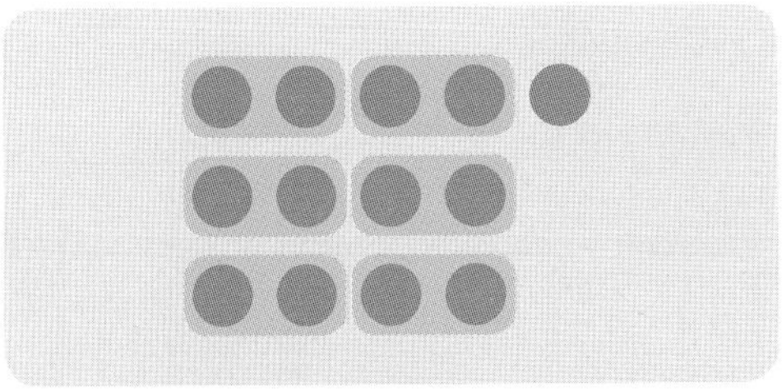

□ ÷ 2 = □ ··· □

❺

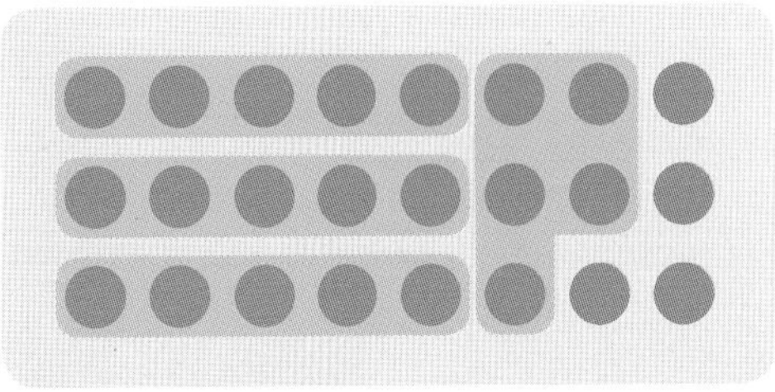

□ ÷ 5 = □ ··· □

598 나누기 세로셈

◐ □ 안에 알맞은 수를 써넣으시오.

(예시)

```
    2 2
3 ) 6 8
    6
    ---
      8
      6
    ---
      2
```

❶

```
    □ □
3 ) 7 6
    □
    ---
    □ 6
    □ □
    ---
      □
```

❷

```
    □ □
2 ) 8 5
    □
    ---
      5
      □
    ---
      □
```

❸

```
      □
8 ) 3 9
    □ □
    ---
      □
```

❹

```
      □
7 ) 5 0
    □ □
    ---
      □
```

❺

```
    □ □
4 ) 4 5
    □
    ---
      5
      □
    ---
      □
```

❻

```
    □ □
5 ) 7 8
    □
    ---
    □ 8
    □ □
    ---
      □
```

❼

```
    □ □
6 ) 9 4
    □
    ---
    □ 4
    □ □
    ---
      □
```

세로셈으로 고쳐 다음 나눗셈을 계산하시오.

57÷2

$$\begin{array}{r} 28 \\ 2\overline{)57} \\ \underline{4} \\ 17 \\ \underline{16} \\ 1 \end{array}$$

❶ 48÷7 $7\overline{)48}$

❷ 89÷4 $4\overline{)89}$

❸ 63÷5 $5\overline{)63}$

❹ 75÷6 $6\overline{)75}$

❺ 51÷7 $7\overline{)51}$

599 검산식

◐ 나눗셈을 검산하려고 합니다. □ 안에 알맞은 수를 써넣으시오.

43÷8=5···3	→	검산 : 8 × 5 + 3 = 43

❶ 75÷6=12···3 → 검산 : □ × □ + □ = □

❷ 43÷3=14···1 → 검산 : □ × □ + □ = □

❸ 87÷5=17···2 → 검산 : □ × □ + □ = □

❹ 93÷2=46···1 → 검산 : □ × □ + □ = □

❺ 26÷6=4···2 → 검산 : □ × □ + □ = □

❻ 38÷3=12···2 → 검산 : □ × □ + □ = □

◆ 검산식을 보고 나눗셈식과 몫, 나머지를 구하시오.

$7 \times 12 + 5 = 89$

나눗셈식 : $89 \div 7 = 12 \cdots 5$

몫 : 12 나머지 : 5

❶ $6 \times 13 + 3 = 81$

나눗셈식 : ______

몫 : ______ 나머지 : ______

❷ $3 \times 11 + 2 = 35$

나눗셈식 : ______

몫 : ______ 나머지 : ______

❸ $5 \times 8 + 4 = 44$

나눗셈식 : ______

몫 : ______ 나머지 : ______

❹ $4 \times 10 + 3 = 43$

나눗셈식 : ______

몫 : ______ 나머지 : ______

❺ $6 \times 9 + 5 = 59$

나눗셈식 : ______

몫 : ______ 나머지 : ______

600 하우스

◐ 빈칸에 나눗셈의 몫과 나머지를 써넣으시오.

÷ 5			
27	5	…	2
54	10	…	4
73	14	…	3

❶

÷ 8			
45		…	
81		…	
63		…	

❷

÷ 4			
50		…	
73		…	
91		…	

❸

÷ 6			
64		…	
41		…	
79		…	

❹

÷ 7			
94		…	
80		…	
46		…	

❺

÷ 5			
53		…	
82		…	
38		…	

⊕ 빈칸에 알맞은 수를 써넣으시오.

	÷ 6		
43	7	…	1
75	12	…	3
51	8	…	3

❶

	÷		
	28	…	1
29	9	…	2
92		…	

❷

	÷		
62		…	
	11	…	4
78	15	…	3

❸

	÷		
69	9	…	
87		…	3
	6	…	3

❹

	÷		
	18	…	3
57		…	1
23	5	…	

❺

	÷		
	7	…	3
29	4	…	5
94		…	

잘 공부했는지 알아봅시다

월 일

1 몫의 크기를 비교하여 ○ 안에 >, =, <를 알맞게 써넣으시오.

❶ $83 \div 5$ ○ $83 \div 6$　　❷ $58 \div 7$ ○ $85 \div 7$

2 관계 있는 것끼리 선으로 이으시오.

$80 \div 3$ •	• $4 \times 16 + 3$
$73 \div 5$ •	• $3 \times 26 + 2$
$67 \div 4$ •	• $5 \times 14 + 3$

3 어떤 나눗셈식을 계산한 다음 검산을 하였더니 다음과 같은 식이 되었습니다. 계산한 나눗셈식을 쓰고 몫과 나머지를 구하시오.

$8 \times 12 + 3 = 99$

나눗셈식 : ______________

몫 : ________　　나머지 : ________

7 문해결 나눗셈 (1)

601 다리 잇기

◐ 왼쪽 수를 위의 수로 나누었을 때의 나머지에 맞게 선을 이으시오.

÷	4	5	2
39			
	4	3	1

❶

÷	7	8	9
46			
	1	6	4

❷

÷	6	3	8
71			
	5	2	7

❸

÷	9	4	5
99			
	0	4	3

❹

÷	5	7	4
53			
	1	3	4

❺

÷	2	6	3
88			
	4	1	0

월 일

나머지가 가장 큰 것을 선으로 잇고 ○ 안에 그 나머지를 써넣으시오.

÷ 5 3 4

46

2

❶ ÷ 2 6 7

63

❷ ÷ 9 4 8

52

❸ ÷ 3 2 5

88

❹ ÷ 7 8 3

94

❺ ÷ 6 4 9

79

602 팻말

◐ 알맞은 수에 모두 ○표 하시오.

3으로 나누면 나머지가 1

15	(22)	36
(34)	44	59

❶ 5로 나누면 나머지가 2

60	45	27
85	72	90

❷ 6으로 나누면 나머지가 5

41	62	54
63	84	77

❸ 7로 나누면 나머지가 4

17	81	31
53	96	65

❹ 4로 나누면 나머지가 2

39	12	98
75	30	61

❺ 8로 나누면 나머지가 1

52	47	76
25	68	57

⊕ 두 조건을 만족하는 수를 모두 찾아 빈칸에 써넣으시오.

30보다 크고 40보다 작은 수

33, 39

6으로 나누면 나머지가 3

❶ 55보다 크고 60보다 작은 수

3으로 나누면 나머지가 2

❷ 60보다 크고 80보다 작은 수

9로 나누면 나머지가 8

❸ 40보다 크고 50보다 작은 수

5로 나누면 나머지가 1

❹ 80보다 크고 100보다 작은 수

8로 나누면 나머지가 5

❺ 80보다 크고 90보다 작은 수

7로 나누면 나머지가 4

603 나머지

◐ 나머지가 ● 안의 수일 때 □ 안에 들어갈 수 있는 수에 모두 ○표 하시오.

3□÷4… 3

2 4 ⑤ 8 ⑨

❶ □2÷7… 5

1 3 6 8 9

❷ 7□÷5… 2

0 2 4 7 9

❸ □1÷6… 1

2 3 6 7 8

❹ 5□÷3… 1

2 4 5 7 9

❺ □6÷8… 6

1 2 4 6 8

❻ 4□÷7… 0

0 2 6 8 9

❼ □7÷3… 2

1 3 5 7 8

⊕ 나머지가 ● 안의 수일 때 □ 안에 들어갈 수 있는 수를 모두 쓰시오.

4□÷6 … ⑤

1, 7

❶ □8÷8 … ④

❷ 2□÷3 … ①

❸ □6÷7 … ⑤

❹ 8□÷5 … ③

❺ □0÷4 … ⓪

❻ 3□÷8 … ⑥

❼ □9÷6 … ⑤

❽ 2□÷7 … ⑥

❾ □1÷8 … ⑦

604 숫자 카드 나눗셈

◐ 숫자 카드를 사용하여 (두 자리 수)÷(한 자리 수)의 식을 만든 것입니다. 몫과 나머지를 구하시오.

숫자 카드: 2, 5, 6

25 ÷ 6 = 4 … 1

62 ÷ 5 = 12 … 2

65 ÷ 2 = 32 … 1

❶ 숫자 카드: 3, 4, 9

34 ÷ 9 = ☐ … ☐

49 ÷ 3 = ☐ … ☐

93 ÷ 4 = ☐ … ☐

❷ 숫자 카드: 5, 7, 8

75 ÷ 8 = ☐ … ☐

78 ÷ 5 = ☐ … ☐

85 ÷ 7 = ☐ … ☐

❸ 숫자 카드: 2, 3, 9

29 ÷ 3 = ☐ … ☐

32 ÷ 9 = ☐ … ☐

39 ÷ 2 = ☐ … ☐

숫자 카드로 (두 자리 수) ÷ (한 자리 수)의 식을 만들려고 합니다. 몫이 가장 클 때와 나머지가 가장 클 때의 나눗셈식을 만들고 계산하시오.

7 4 9

몫이 가장 클 때 : $97 \div 4 = 24 \cdots 1$

나머지가 가장 클 때 : $94 \div 7 = 13 \cdots 3$

❶ 3 5 8

몫이 가장 클 때 : ____________

나머지가 가장 클 때 : ____________

❷ 6 2 9

몫이 가장 클 때 : ____________

나머지가 가장 클 때 : ____________

❸ 9 8 3

몫이 가장 클 때 : ____________

나머지가 가장 클 때 : ____________

❹ 1 5 4

몫이 가장 클 때 : ____________

나머지가 가장 클 때 : ____________

잘 공부했는지 알아봅시다

월　일

1 나머지가 5가 될 수 없는 식에 모두 ○표 하시오.

□÷7　　□÷4　　□÷6

□÷3　　□÷10　　□÷8

2 50보다 작은 두 자리 수 중에서 6으로 나누었을 때 나머지가 5인 수는 몇 개입니까?

3 나눗셈이 나누어떨어진다고 할 때, 0에서 9까지의 숫자 중에서 □ 안에 들어갈 수 있는 숫자를 모두 구하시오.

2)4□

4 숫자 카드를 모두 한 번씩 사용하여 나머지가 가장 큰 (두 자리 수)÷(한 자리 수)를 만들고, 계산하시오.

4　8　7

8 문해결 나눗셈 (2)

605 잘못된 계산

◐ 잘못 계산된 것을 찾아 ×표 하시오.

$$\begin{array}{r} 5 \\ 7\overline{)40} \\ 35 \\ \hline 5 \end{array} \times \qquad \begin{array}{r} 5 \\ 8\overline{)48} \\ 40 \\ \hline 8 \end{array} \qquad \begin{array}{r} 6 \\ 6\overline{)39} \\ 36 \\ \hline 3 \end{array} \qquad \begin{array}{r} 6 \\ 9\overline{)56} \\ 54 \\ \hline 2 \end{array}$$

❶

$$\begin{array}{r} 6 \\ 5\overline{)30} \\ 30 \\ \hline 0 \end{array} \qquad \begin{array}{r} 9 \\ 3\overline{)29} \\ 27 \\ \hline 2 \end{array} \qquad \begin{array}{r} 9 \\ 8\overline{)73} \\ 72 \\ \hline 1 \end{array} \qquad \begin{array}{r} 5 \\ 4\overline{)23} \\ 20 \\ \hline 3 \end{array}$$

❷

$$\begin{array}{r} 5 \\ 9\overline{)48} \\ 45 \\ \hline 3 \end{array} \qquad \begin{array}{r} 8 \\ 6\overline{)53} \\ 48 \\ \hline 5 \end{array} \qquad \begin{array}{r} 8 \\ 2\overline{)16} \\ 16 \\ \hline 0 \end{array} \qquad \begin{array}{r} 9 \\ 7\overline{)62} \\ 63 \\ \hline 1 \end{array}$$

❸

$$\begin{array}{r} 8 \\ 4\overline{)33} \\ 32 \\ \hline 1 \end{array} \qquad \begin{array}{r} 4 \\ 9\overline{)45} \\ 36 \\ \hline 9 \end{array} \qquad \begin{array}{r} 7 \\ 8\overline{)60} \\ 56 \\ \hline 4 \end{array} \qquad \begin{array}{r} 6 \\ 3\overline{)20} \\ 18 \\ \hline 2 \end{array}$$

월 일

⊕ 계산에서 잘못된 것을 찾아 바르게 계산하시오.

보기

```
    1 9            2 3
4 ) 9 2        4 ) 9 2
    4              8
    ---            ---
    5 2            1 2
    3 6            1 2
    ---            ---
    1 6              0
```

➊

```
    1 2
4 ) 6 0        4 ) 6 0
    4
    ---
    1 0
      8
    ---
      2
```

➋

```
    1 1
7 ) 8 5        7 ) 8 5
    7
    ---
    1 5
      7
    ---
      8
```

➌

```
    1 1
5 ) 7 9        5 ) 7 9
    5
    ---
      9
      5
    ---
      4
```

➍

```
    2 6
3 ) 8 6        3 ) 8 6
    6
    ---
    2 0
    1 8
    ---
      2
```

➎

```
    1 5
4 ) 6 7        4 ) 6 7
    4
    ---
    2 7
    2 0
    ---
      7
```

606 벌레 먹은 나눗셈

◐ □ 안에 알맞은 수를 써넣으시오.

(예시)

21
3)65
6
5
3
2

❶

□3
2)4□
□
6
□
□

❷

□□
4)8□
□
□
4
1

❸

□
8)5□
□□
1

❹

□
7)4□
□□
4

❺

□□
6)7□
□
□4
□2
□

❻

□□
5)5□
□
8
□
□

❼

□□
3)□7
9
□
6
□

□ 안에 알맞은 수를 써넣으시오.

```
     1 2
  ┌─────
7 ) 8 7
    7
  ─────
    1 7
    1 4
  ─────
      3
```

❶

```
     2 □
  ┌─────
3 ) □ □
    □
  ─────
    2 □
    □ 1
  ─────
      1
```

❷

```
     □ □
  ┌─────
4 ) 6 □
    □
  ─────
    □ 7
    □ □
  ─────
      □
```

❸

```
     1 □
  ┌─────
5 ) □ 3
    □
  ─────
    2 □
    □ □
  ─────
      □
```

❹

```
     □ □
  ┌─────
□ ) □ □
    7
  ─────
    □ □
    2 □
  ─────
      4
```

❺

```
     □ □
  ┌─────
6 ) 9 □
    □
  ─────
    □ □
    3 □
  ─────
      2
```

607 어떤 수 구하기

◐ 어떤 수를 □로 놓고 나눗셈식과 검산식을 만드시오.

78을 어떤 수로 나누었더니 몫이 15이고 나머지가 3입니다.

나눗셈식 : $78 \div \square = 15 \cdots 3$　　검산식 : $\square \times 15 + 3 = 78$

❶ 54를 어떤 수로 나누었더니 몫이 7이고 나머지가 5입니다.

나눗셈식 : ________　　검산식 : ________

❷ 어떤 수를 6으로 나누었더니 몫이 16이고 나머지가 1입니다.

나눗셈식 : ________　　검산식 : ________

❸ 70을 어떤 수로 나누었더니 몫이 8이고 나머지가 6입니다.

나눗셈식 : ________　　검산식 : ________

❹ 어떤 수를 9로 나누었더니 몫이 8이고 나머지가 7입니다.

나눗셈식 : ________　　검산식 : ________

❺ 83을 어떤 수로 나누었더니 몫이 20이고 나머지가 3입니다.

나눗셈식 : ________　　검산식 : ________

어떤 수는 얼마입니까?

어떤 수를 4로 나누었더니 몫이 8이고 나머지가 2입니다.

식 : $\square \div 4 = 8 \cdots 2$ 어떤 수 : 34

❶ 85를 어떤 수로 나누었더니 몫이 14이고 나머지가 1입니다.

식 : ____________ 어떤 수 : ______

❷ 어떤 수를 3으로 나누었더니 몫이 13이고 나머지가 2입니다.

식 : ____________ 어떤 수 : ______

❸ 72를 어떤 수로 나누었더니 몫이 12이고 나머지는 없습니다.

식 : ____________ 어떤 수 : ______

❹ 어떤 수를 3으로 나누었더니 몫이 12이고 나머지가 1입니다.

식 : ____________ 어떤 수 : ______

❺ 69를 어떤 수로 나누었더니 몫이 17이고 나머지가 1입니다.

식 : ____________ 어떤 수 : ______

608 나눗셈 문장제

◐ 문제에 맞게 식과 답을 쓰시오.

연필이 75자루 있습니다. 한 명에게 4자루씩 나누어 준다면 몇 명에게 똑같이 나누어 줄 수 있고, 몇 자루가 남습니까?

식 : $75 \div 4 = 18 \cdots 3$ 답 : 18 명, 3 자루

❶ 사과 67개를 한 접시에 5개씩 놓으려고 합니다. 사과는 모두 몇 접시가 되고, 몇 개가 남습니까?

식 : ________ 답 : ____ 접시, ____ 개

❷ 채소 가게에 당근이 77개 있습니다. 당근을 6개씩 봉지에 담으면 담은 봉지는 몇 개이고, 남는 당근은 몇 개입니까?

식 : ________ 답 : ____ 봉지, ____ 개

❸ 바나나 90개를 원숭이 8마리에게 똑같이 나누어 주려고 합니다. 원숭이 한 마리에게 몇 개씩 주고, 몇 개가 남습니까?

식 : ________ 답 : ____ 개, ____ 개

❹ 색종이가 75장 있습니다. 미술 시간에 한 명이 7장씩 사용한다면 몇 명이 사용할 수 있고, 몇 장이 남습니까?

식 : ________ 답 : ____ 명, ____ 장

식과 답을 쓰시오.

형철이가 하루에 27쪽씩 3일 동안 읽은 동화책을 다시 읽으려고 합니다. 하루에 5쪽씩 읽으면 모두 읽는데 며칠이 걸립니까?

식 : $27 \times 3 = 81,\ 81 \div 5 = 16 \cdots 1$ 답 : 17 일

❶ 배 72개와 감 64개가 있습니다. 배와 감을 4상자에 똑같이 나누어 담으려고 합니다. 한 상자에 담을 수 있는 배와 감은 각각 몇 개입니까?

식 : ______ 답 : 배 ______ 개, 감 ______ 개

❷ 파란색 구슬이 19개, 빨간색 구슬이 38개, 노란색 구슬이 34개 있습니다. 이 구슬을 7명이 똑같이 나누어 가진다면 한 명이 몇 개씩 가지게 됩니까?

식 : ______ 답 : ______ 개

❸ 장미가 한 다발에 6송이씩 16다발이 있습니다. 한 꽃병에 8송이씩 꽂는다면 꽃병은 몇 개가 필요합니까?

식 : ______ 답 : ______ 개

❹ 남학생 22명, 여학생 16명이 승합차 한 대에 7명씩 나누어 타고 도서관에 가려고 합니다. 승합차는 몇 대가 필요합니까?

식 : ______ 답 : ______ 대

잘 공부했는지 알아봅시다

월 일

1 계산에서 잘못된 곳을 찾아 바르게 계산하시오.

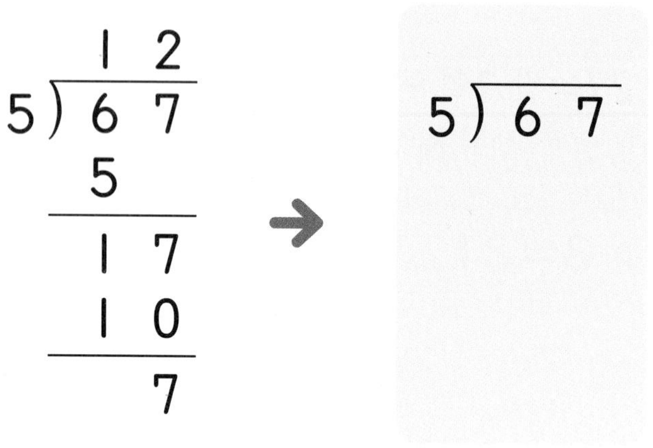

2 나눗셈에서 ㉡이 3일 때, ㉠에 알맞은 수를 구하시오.

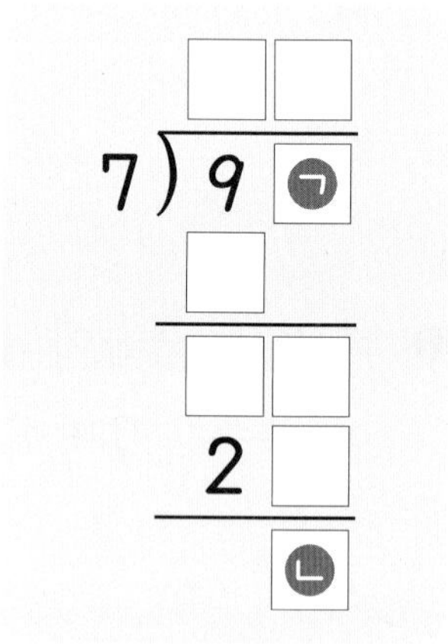

3 귤 57개를 한 접시에 5개씩 놓으려고 합니다. 귤은 모두 몇 접시가 되고, 몇 개가 남습니까?

식 : ______________ 답 : ______ 접시, ______ 개

4 어떤 수를 6으로 나누었더니 몫이 13이고 나머지가 3이 되었습니다. 어떤 수는 얼마입니까?

식 : ______________ 어떤 수 : ______

MEMO

MEMO

사고셈

정답 및 해설
Guide Book

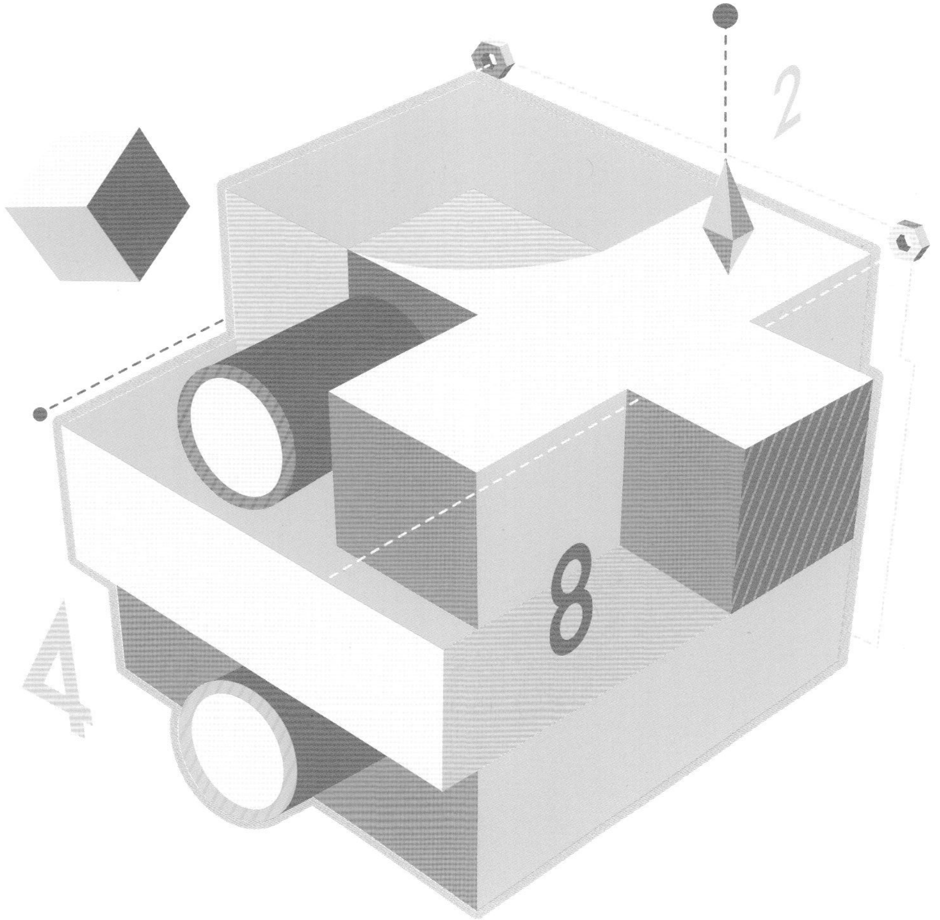

초등3 3호

두 자리 수의 곱셈과 나눗셈

NE 능률

577 가로 곱셈

월 일

◐ 그림을 보고 □ 안에 알맞은 수를 써넣으시오.

$230 \times 3 =$ [600] + [90] = [690]

200×3 30×3 600+90

❶

$12 \times 4 =$ [40] + [8] = [48]

10×4 2×4 40+8

❷

$110 \times 5 =$ [500] + [50] = [550]

❸

$320 \times 3 =$ [900] + [60] = [960]

◑ □ 안에 알맞은 수를 써넣으시오.

$21 \times 3 =$ [60] + [3] = [63]

❶ $121 \times 3 =$ [300] + [60] + [3] = [363]

❷ $101 \times 3 =$ [300] + [3] = [303]

❸ $231 \times 3 =$ [600] + [90] + [3] = [693]

❹ $32 \times 3 =$ [90] + [6] = [96]

❺ $423 \times 2 =$ [800] + [40] + [6] = [846]

❻ $220 \times 4 =$ [800] + [80] = [880]

❼ $212 \times 4 =$ [800] + [40] + [8] = [848]

❽ $11 \times 8 =$ [80] + [8] = [88]

❾ $111 \times 9 =$ [900] + [90] + [9] = [999]

578 두 세로셈

월 일

◐ 두 가지 방법으로 세로셈을 한 것입니다. □ 안에 알맞은 수를 써넣으시오.

(예시)
36×4: $6\times4 = 24$, $30\times4 = 120$, $24+120 = 144$ / 올림 2, $36 \times 4 = 144$

일의 자리 숫자 6과 4의 곱을 쓸 때, 십의 자리로 올림하는 2를 기억할 수 있도록 십의 자리 숫자 3 위에 씁니다.

❶ 27×6: 42, 120, 162 / 올림 4, 162

일의 자리 숫자 7과 6의 곱을 쓸 때, 십의 자리로 올림하는 4를 기억할 수 있도록 십의 자리 숫자 2 위에 씁니다.

❷ 618×4: 32, 40, 2400, 2472 / 올림 3, 2472

❸ 241×3: 3, 120, 600, 723 / 올림 1, 723

일의 자리 수와의 곱이 10을 넘는 경우, 넘는 수만큼 십의 자리로 올림합니다.

⊕ 보기와 같이 두 가지 방법으로 계산하시오.

(보기) 174×5: 20, 350, 500, 870 / 올림 3 2, 870

❶ 164×6: 24, 360, 600, 984 / 올림 3 2, 984

❷ 19×4: 36, 40, 76 / 올림 3, 76

❸ 83×7: 21, 560, 581 / 올림 2, 581

❹ 207×8: 56, 1600, 1656 / 올림 5, 1656

❺ 930×4: 0, 120, 3600, 3720 / 올림 1, 3720

579 하우스

◐ 곱셈을 하여 빈칸에 알맞은 수를 써넣으시오.

예시 (× 3)

21	63	21×3
42	126	42×3
27	81	27×3

❶ (× 7)

30	210	30×7
12	84	12×7
41	287	41×7

❷ (× 5)

81	405	81×5
40	200	40×5
16	80	16×5

❸ (× 4)

200	800
312	1248
107	428

❹ (× 4)

140	560
315	1260
276	1104

❺ (× 6)

51	306
13	78
45	270

❻ (× 4)

15	60
61	244
77	308

❼ (× 3)

31	93
72	216
28	84

월 일

◑ 빈칸에 알맞은 수를 써넣으시오.

○ 안의 수를 먼저 구합니다.

예시 30×⑦=210 (× 7)

30	210	
21	147	21×7
18	126	18×7

❶ 15×④=60 (× 4)

22	88	22×4
15	60	
72	288	72×4

❷ 35×③=105 (× 3)

35	105	
20	60	20×3
16	48	16×3

❸ (× 2)

110	220
443	886
309	618

❹ (× 3)

206	618
230	690
512	1536

❺ (× 8)

40	320
15	120
31	248

❻ (× 4)

31	124
62	248
22	88

❼ (× 5)

14	70
20	100
61	305

580 숫자 카드 목표수

◐ 숫자 카드를 모두 한 번씩 사용하여 곱셈식을 완성하시오.

예시: 카드 4, 5, 7 — $54 \times 7 = 378$

세 수 중에서 곱의 일의 자리 숫자가 8인 두 수를 찾아 ㉠, ㉡에 넣습니다.

❶ 카드 2, 8, 3 — $23 \times 8 = 184$

❷ 카드 3, 4, 5 — $45 \times 3 = 135$

❸ 카드 2, 4, 6 — $24 \times 6 = 144$

❹ 카드 7, 3, 7 — $37 \times 7 = 259$

❺ 카드 3, 5, 8 — $53 \times 8 = 424$

❻ 카드 1, 7, 3, 4 — $147 \times 3 = 441$

❼ 카드 2, 3, 4, 6 — $623 \times 4 = 2492$

월　일

◈ 곱셈식에 맞게 왼쪽 숫자 카드를 한 번씩 써넣으시오.

예시: 카드 1, 2, 8 — $12 \times 8 = 96$, $81 \times 2 = 162$, $18 \times 2 = 36$

❶ 카드 2, 3, 7 — $23 \times 7 = 161$, $72 \times 3 = 216$, $27 \times 3 = 81$

❷ 카드 3, 5, 8 — $35 \times 8 = 280$, $83 \times 5 = 415$, $38 \times 5 = 190$

❸ 카드 0, 1, 2, 4 — $120 \times 4 = 480$, $140 \times 2 = 280$, $401 \times 2 = 802$

잘 공부했는지 알아봅시다

월 일

1 덧셈식을 곱셈식으로 나타내고 답을 구하시오.

$$127+127+127+127+127+127+127$$

식 : $127 \times 7 = 889$ 답 : 889

2 계산 결과가 다른 하나를 찾아 ○표 하시오.

81×8	162×4	(62×9)	216×3
648	648	558	648

3 ○ 안에 >, =, <를 알맞게 써넣으시오.

❶ 72×6 (432) < 72×8 (576)

❷ 64×8 (512) > 59×8 (472)

❸ 37×9 (333) = 111×3 (333)

❹ 125×5 (625) < 75×9 (675)

4 계산 결과에 맞게 세 장의 숫자 카드를 한 번씩 사용하여 곱셈식을 만들어 보시오.

3 4 7 → $37 \times 4 = 148$

㉠ 7, ㉡ 4

세 수 중에서 곱의 일의 자리 숫자가 8인 두 수를 찾아 ㉠, ㉡에 넣습니다.

581 지우기

◐ 숫자를 하나씩 차례로 지우고 곱셈을 하시오.

63×41

- 63 × 41 = 123 (3×41)
- 63 × 41 = 246 (6×41)
- 63 × 41 = 63 (63×1)
- 63 × 41 = 252 (63×4)

❶ **52×34**

- 52 × 34 = 68 (2×34)
- 52 × 34 = 170 (5×34)
- 52 × 34 = 208 (52×4)
- 52 × 34 = 156 (52×3)

❷ **36×25**

- 36 × 25 = 150
- 36 × 25 = 75
- 36 × 25 = 180
- 36 × 25 = 72

❸ **47×28**

- 47 × 28 = 196
- 47 × 28 = 112
- 47 × 28 = 376
- 47 × 28 = 94

❹ **62×37**

- 62 × 37 = 74
- 62 × 37 = 222
- 62 × 37 = 434
- 62 × 37 = 186

❺ **53×49**

- 53 × 49 = 147
- 53 × 49 = 245
- 53 × 49 = 477
- 53 × 49 = 212

◑ 숫자 하나를 지워 올바른 곱셈식을 만드시오.

52 × 32 = 104 → 52×2=104

❶ 48 × 72 = 288 → 4×72=288

❷ 29 × 13 = 117 → 9×13=117

❸ 92 × 58 = 460 → 92×5=460

❹ 63 × 38 = 189 → 63×3=189

❺ 24 × 54 = 96 → 24×4=96

❻ 85 × 67 = 335 → 5×67=335

❼ 39 × 42 = 126 → 3×42=126

582 벌레 먹은 셈

월 일

◐ 지워진 수를 구하시오.

(예) 7 4 2 × 6 = 4 4 5 2

❶ 3 6 × 3 = 1 0 8

❷ 6 1 2 × 6 = 3 6 7 2

❸ 2 7 3 × 3 = 8 1 9

❹ 9 1 × 7 = 6 3 7

❺ 3 0 2 × 8 = 2 4 1 6

❻ 1 1 4 × 6 = 6 8 4

❼ 8 2 × 7 = 5 7 4

❽ 4 3 2 × 5 = 2 1 6 0

❾ 5 7 2 × 9 = 5 1 4 8

❿ 2 7 × 9 = 2 4 3

⓫ 2 5 5 × 3 = 7 6 5

◑ ★과 ●에 알맞은 수를 구하시오.

(예) ★ 1 7 × ● = 6 5 1 　★ = 2, ● = 3
2 1 7 × 3 = 6 5 1

❶ 4 ★ 3 × ● = 2 8 9 8 　★ = 8, ● = 6

❷ ★ × ● 2 = 1 5 6 　★ = 3, ● = 5

❸ ★ 1 4 × ● = 1 2 4 2 　★ = 4, ● = 3

❹ ★ 6 × ● = 3 9 2 　★ = 5, ● = 7

❺ ★ × 2 ● 2 = 1 0 8 8 　★ = 4, ● = 7

❻ ★ 9 × ● = 1 9 5 　★ = 3, ● = 5

❼ ★ × 4 ● 7 = 4 3 8 3 　★ = 9, ● = 8

583 큰 곱 작은 곱

◐ 숫자 카드를 한 번씩 사용하여 곱셈식을 만든 것입니다. 가장 큰 곱에 ○표, 가장 작은 곱에 △표 하시오.

숫자 카드: 2, 4, 5

- $45 \times 2 = 90$ (△)
- $54 \times 2 = 108$
- $25 \times 4 = 100$
- $52 \times 4 = 208$
- $24 \times 5 = 120$
- $42 \times 5 = 210$ (○)

❶ 숫자 카드: 2, 3, 8

- $38 \times 2 = 76$ (△)
- $83 \times 2 = 166$
- $28 \times 3 = 84$
- $82 \times 3 = 246$
- $23 \times 8 = 184$
- $32 \times 8 = 256$ (○)

㉠㉡ × ㉢

곱이 가장 큰 곱셈식을 만들 때에는 큰 수부터 차례로 ㉢, ㉠, ㉡의 자리에 놓습니다.
곱이 가장 작은 곱셈식을 만들 때에는 작은 수부터 차례로 ㉢, ㉠, ㉡의 자리에 놓습니다.

월	일

◐ 숫자 카드를 한 번씩만 사용하여 곱이 가장 큰 경우와 가장 작은 경우의 (두 자리 수) × (한 자리 수)의 곱셈식을 만들고 값을 구하시오.

숫자 카드	곱이 가장 큰 경우	곱이 가장 작은 경우
2, 6, 8	$62 \times 8 = 496$	$68 \times 2 = 136$

❶

숫자 카드	곱이 가장 큰 경우	곱이 가장 작은 경우
2, 5, 7	$52 \times 7 = 364$	$57 \times 2 = 114$

❷

숫자 카드	곱이 가장 큰 경우	곱이 가장 작은 경우
3, 4, 9	$43 \times 9 = 387$	$49 \times 3 = 147$

584 곱셈 네모

월 일

◐ □안에 들어갈 수 있는 수에 모두 ○표 하시오.

86 × □ < 240
(1) (2) 3 4 5
86 × (1) < 240
86 × (2) < 240
86 × 3 > 240

❶ 35 × □ > 170
2 3 4 (5) (6)
35 × 4 < 170
35 × (5) > 170
35 × (6) > 170

❷ 68 × □ < 380
(4) (5) 6 7 8

❸ 50 × □ < 221
(3) (4) 5 6 7

❹ 127 × □ < 530
(2) (3) (4) 5 6

❺ 230 × □ > 853
1 2 3 (4) (5)

❻ 320 × □ > 991
1 2 3 (4) (5)

❼ 182 × □ < 690
(2) (3) 4 5 6

❽ 593 × □ < 3000
(3) (4) (5) 6 7

❾ 711 × □ > 4500
5 6 (7) (8) (9)

◈ □안에 들어갈 수 있는 수 중에서 가장 큰 수를 쓰시오.

36 × [2] < 80
36 × (2) < 80
36 × 3 > 80

❶ 71 × [4] < 350
71 × (4) < 350
71 × 5 > 350

❷ 54 × [8] < 440
54 × (8) < 440
54 × 9 > 440

❸ 65 × [5] < 330

❹ 42 × [3] < 140

❺ 28 × [7] < 210

❻ 311 × [3] < 1000

❼ 390 × [6] < 2500

◈ □안에 들어갈 수 있는 수 중에서 가장 작은 수를 쓰시오.

27 × [2] > 52
27 × 1 < 52
27 × (2) > 52

❽ 53 × [4] > 170
53 × 3 < 170
53 × (4) > 170

❾ 62 × [7] > 410
62 × 6 < 410
62 × (7) > 410

❿ 83 × [4] > 300

⓫ 38 × [5] > 180

⓬ 72 × [3] > 200

⓭ 46 × [6] > 250

⓮ 24 × [2] > 30

⓯ 59 × [5] > 250

⓰ 310 × [3] > 712

⓱ 621 × [4] > 1900

잘 공부했는지 알아봅시다

월 일

1 □안에 알맞은 수를 써넣으시오.

❶ $\boxed{5}\,2 \times \boxed{3} = 156$

❷ $\boxed{6}\,\boxed{5} \times 7 = 4\,\boxed{5}\,5$

2 곱셈식에서 ★과 ♥에 알맞은 수를 구하시오.

★ 1 7 × ♥ = 1 3 0 2

★ = $\boxed{2}$

♥ = $\boxed{6}$

$\boxed{2}17 \times \boxed{6} = 1302$

3 세 장의 숫자 카드를 한 번씩만 사용하여 곱이 가장 큰 곱셈식을 만드시오.

3 6 4 → $\boxed{4}^{㉠}\,\boxed{3}^{㉡} \times \boxed{6}^{㉢} = 258$

곱이 가장 큰 곱셈식을 만들 때에는 큰 수부터 차례로 ㉢, ㉠, ㉡의 자리에 놓습니다.

4 □안에 들어갈 수 있는 자연수는 모두 몇 개입니까? 3개

$2\times500 < 265\times\square < 3\times600$ (1000, 1800)

$1000 < 265\times\square < 1800$

$265\times\boxed{4}=1060$, $265\times\boxed{5}=1325$, $265\times\boxed{6}=1590$

이므로 □ 안에는 4, 5, 6 세 개의 자연수가 들어갈 수 있습니다.

585 두 자리 세로셈

월 일

◐ □안에 알맞은 수를 써넣으시오.

	예시	❶	❷
	12 × 73	32 × 43	26 × 64
	36 (12×3)	96 (32×3)	104
	84 (12×70)	128 (32×40)	156
	876	1376	1664

	❸	❹	❺
	63 × 25	32 × 14	14 × 26
	315	128	84
	126	32	28
	1575	448	364

	❻	❼	❽
	67 × 39	16 × 34	36 × 25
	603	64	180
	201	48	72
	2613	544	900

(두 자리 수)×(두 자리 수)의 계산은 (두 자리 수)×(몇)과 (두 자리 수)×(몇십)을 따로 구하여 더한 값입니다.

◐ 세로셈으로 고쳐 곱셈을 하시오.

$25\times63=$ 1575

```
    2 5
  × 6 3
  -----
    7 5   25×3
1 5 0     25×60
  -----
1 5 7 5
```

❶ $19\times75=$ 1425

```
    1 9
  × 7 5
  -----
    9 5
1 3 3
  -----
1 4 2 5
```

❷ $62\times24=$ 1488

```
    6 2
  × 2 4
  -----
  2 4 8
1 2 4
  -----
1 4 8 8
```

❸ $17\times53=$ 901

```
    1 7
  × 5 3
  -----
    5 1
  8 5
  -----
  9 0 1
```

❹ $92\times17=$ 1564

```
    9 2
  × 1 7
  -----
  6 4 4
  9 2
  -----
1 5 6 4
```

❺ $48\times21=$ 1008

```
    4 8
  × 2 1
  -----
    4 8
  9 6
  -----
1 0 0 8
```

586 어림하기

월 일

◐ 곱셈 결과를 어림하여 ○표 하고, 계산 값과 어림한 값의 차를 구하시오. 단, 두 값의 차가 100보다 작게 어림합니다.

	어림한 값	계산 값	차
273×6	(1600) 1400	$273 \times 6 = 1638$	1638−1600 =38

1400으로 어림한 경우 1638−1400=238 입니다. 계산 값과의 차가 100보다 크므로 1600으로 어림합니다.

❶

	어림한 값	계산 값	차
314×5	(1600) 1800	$314 \times 5 = 1570$	1600−1570 =30

❷

	어림한 값	계산 값	차
438×4	1600 (1800)	$438 \times 4 = 1752$	1800−1752 =48

학생들은 숫자만 보고 곱셈을 하는 경우가 많습니다. 곱셈을 계산하기 전에 곱이 얼마나 될지 어림한 뒤 계산 결과와 비교해 보는 연습을 하면, 큰 수를 계산할 때 도움이 됩니다.

◑ 곱셈 결과를 몇백 또는 몇천으로 어림하고, 계산 값과 어림한 값의 차를 구하시오. 단, 두 값의 차가 100보다 작게 어림합니다.

	어림한 값	계산 값	차
21×38	800 (700)	21×38: 168, 63, 798	800−798 =2 (798−700=98)

❶

	어림한 값	계산 값	차
46×65	3000	46×65: 230, 276, 2990	3000−2990 =10

❷

	어림한 값	계산 값	차
35×27	900 또는 1000	35×27: 245, 70, 945	945−900 =45 또는 1000−945 =55

587 격자 곱셈

❶ ⟋ 안에 가로, 세로에 쓰인 수의 곱을 써넣고 ↙방향으로 합을 구하여 곱셈을 하시오.

54×3= 162

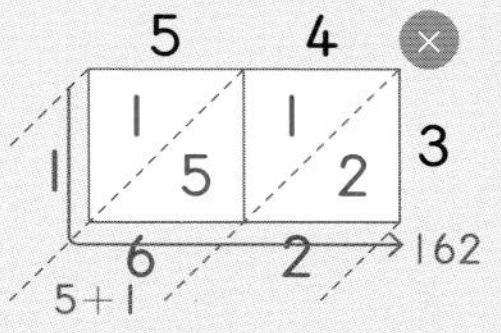

❶ 73×5= 365

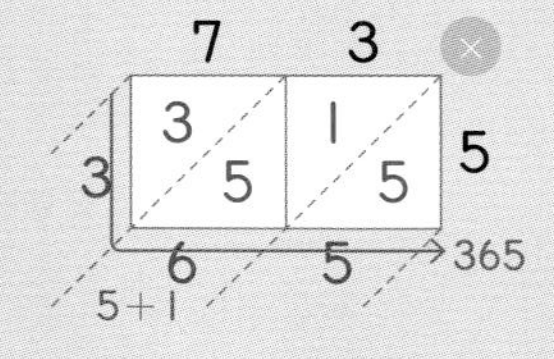

❷ 32×4= 128

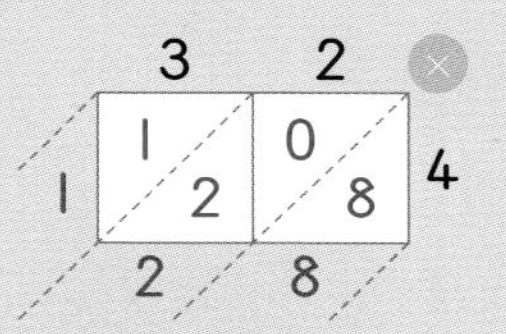

❸ 28×6= 168

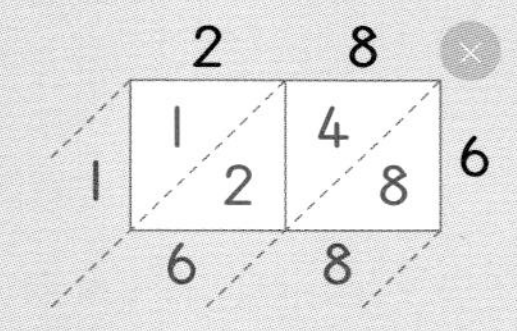

❹ 89×3= 267

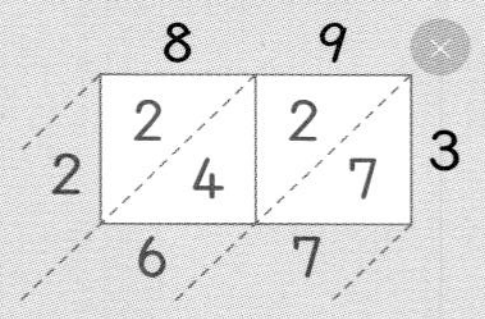

❺ 56×7= 392

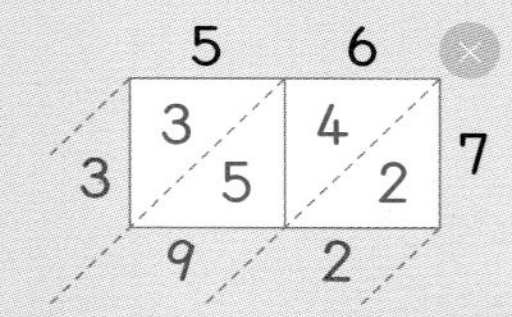

격자 곱셈법은 세로 곱셈법과 원리가 같으며 사선으로 배열해 수를 더하는 방식입니다.

① 가로, 세로에 쓰인 두 수의 곱을 ⟋ 안에 씁니다.

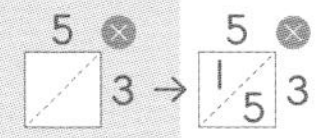

② 사선으로 한 줄에 놓인 수가 2개 이상인 경우 놓인 수들의 합을 구하여 사각형 밖에 쓰고, 수가 하나인 경우 그 수를 그대로 씁니다.

③ 사각형 밖에 놓인 수들을 왼쪽부터 차례로 쓴 수가 곱셈식의 결과입니다.

❹ ⟋ 안에 가로, 세로의 수에 쓰인 곱을 써넣고 ↙방향으로 합을 구하여 곱셈을 하시오.

54×36= 1944

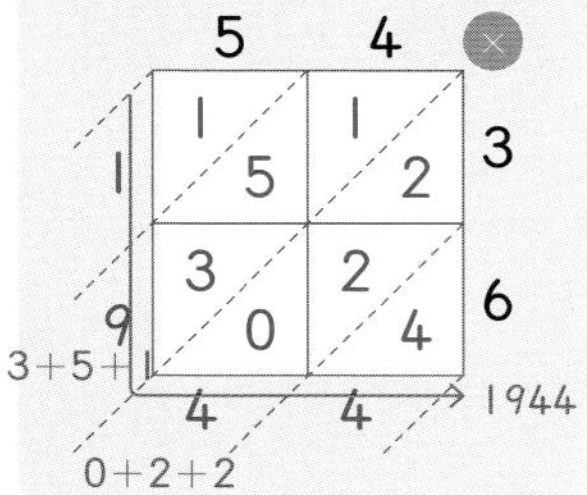

❶ 65×43= 2795

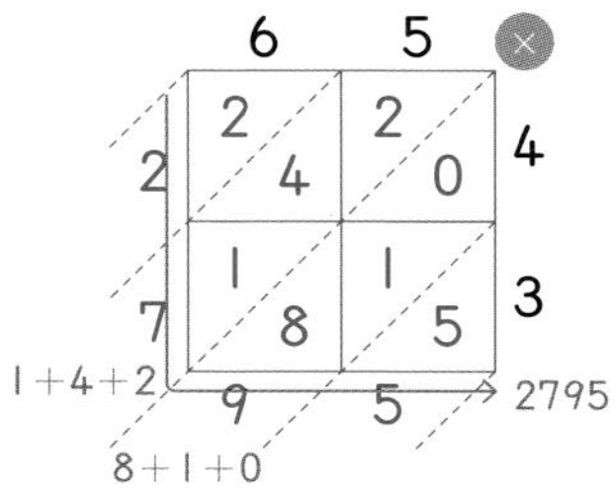

❷ 35×82= 2870

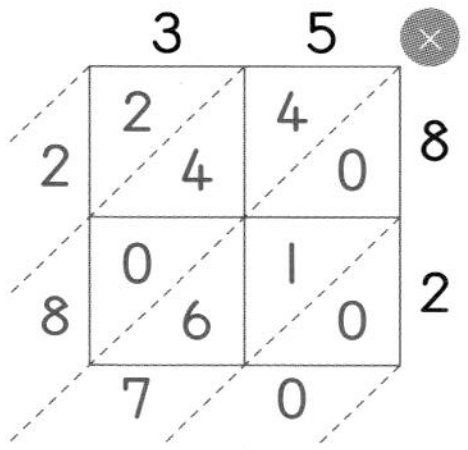

❸ 93×75= 6975

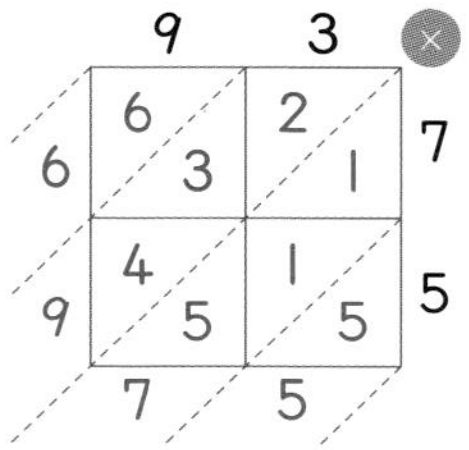

588 숫자 카드 조건

◐ 숫자 카드를 한 번씩만 사용하여 곱셈식을 만듭니다. □ 안에 알맞은 수를 써넣으시오.

(숫자 카드: 5, 4, 2, 7)

가장 큰 두 자리 수는 75 입니다.

가장 작은 두 자리 수는 24 입니다.

가장 큰 두 자리 수와 가장 작은 두 자리 수의 곱은

75 × 24 = 1800 입니다.

❶ (숫자 카드: 3, 5, 0, 8)

가장 작은 세 자리 수는 305 입니다.

나머지 한 자리 수는 8 입니다.

가장 작은 세 자리 수와 나머지 한 자리 수의 곱은

305 × 8 = 2440 입니다.

❷ (숫자 카드: 7, 2, 6, 1)

가장 큰 두 자리 수는 76 입니다.

가장 작은 두 자리 수는 12 입니다.

가장 큰 두 자리 수와 가장 작은 두 자리 수의 곱은

76 × 12 = 912 입니다.

월 일

◑ 숫자 카드를 한 번씩 사용하여 조건에 맞는 곱셈식을 만들고 값을 구하시오.

조건
가장 큰 두 자리 수와
가장 작은 두 자리 수의 곱

(숫자 카드: 3, 5, 9, 7)

$$\begin{array}{r} 97 \\ \times\ 35 \\ \hline 485 \\ 291\ \ \\ \hline 3395 \end{array}$$

❶ **조건**
가장 큰 두 자리 수와
가장 작은 두 자리 수의 곱

(숫자 카드: 5, 8, 6, 2)

$$\begin{array}{r} 86 \\ \times\ 25 \\ \hline 430 \\ 172\ \ \\ \hline 2150 \end{array}$$

❷ **조건**
가장 큰 세 자리 수와
나머지 한 자리 수의 곱

(숫자 카드: 4, 6, 7, 3)

$$\begin{array}{r} 764 \\ \times\ \ \ 3 \\ \hline 12 \\ 18\ \ \\ 21\ \ \ \ \\ \hline 2292 \end{array}$$

❸ **조건**
가장 작은 세 자리 수와
나머지 한 자리 수의 곱

(숫자 카드: 4, 8, 0, 2)

$$\begin{array}{r} 204 \\ \times\ \ \ 8 \\ \hline 32 \\ 16\ \ \ \ \\ \hline 1632 \end{array}$$

잘 공부했는지 알아봅시다

월 일

1 계산 결과가 다른 하나를 찾아 ○표 하시오.

27×24	54×12	18×36	(42×14)
648	648	648	588

2 다음 두 수의 합과 차를 구하고, 구한 합과 차의 곱을 구하시오.

35 56

두 수의 합 : 91 (56+35) 두 수의 차 : 21 (56−35) 합과 차의 곱 : 1911 (91×21)

3 네 장의 숫자 카드를 한 번씩만 사용하여 두 자리 수를 만들 때, 가장 큰 두 자리 수와 가장 작은 두 자리 수의 곱을 구하시오. 2001

2 7 3 8

가장 큰 두 자리 수 : 87 가장 작은 두 자리 수 : 23

87×23=2001

4 □ 안에 들어갈 수 있는 자연수 중에서 가장 큰 수를 구하시오. 6

□3×15 < 1000

63×15=945, 73×15 =1095이므로 □ 안에 들어갈 수 있는 가장 큰 수는 6입니다.

589 가우스 덧셈

◐ 덧셈을 곱셈으로 고쳐서 계산하시오.

연속된 수의 개수가 홀수 개일 때
(수의 합)=(중앙수)×(수의 개수)입니다.
연속된 수의 개수가 짝수 개 일 때
(수의 합)={(첫 수)+(끝 수)}×(수의 개수)÷2입니다.

예) 13+14+15+16+17+18+19=16×7=112
(중앙수: 16, 16+16, 16+16, 16+16; 중앙수 × 수의 개수)

❶ 8+9+10+11+12+13+14+15=23×4=92
(23, 23, 23, 23; (첫 수+끝 수) × (수의 개수)÷2)

❷ 22+23+24+25+26=24×5=120
(24+24, 24+24)

❸ 17+18+19+20+21+22=39×3=117
(39, 39, 39)

❹ 35+36+37+38+39+40+41=38×7=266
(38+38, 38+38, 38+38)

월 일

◐ 다음 수를 모두 쓰고 곱셈식을 이용하여 수의 합을 구하시오.

예) 21보다 크고 29보다 작은 수
22+23+24+25+26+27+28
=25×7=175
(25+25, 25+25, 25+25)

❶ 15보다 크고 20보다 작은 수
16+17+18+19=35×2=70
(17+18, 16+19)

❷ 12에서 18까지의 수
12+13+14+15+16+17+18
=15×7=105

❸ 12보다 크고 28보다 작은 홀수
13+15+17+19+21+23+25+27
=40×4=160

❹ 12보다 크고 28보다 작은 짝수
14+16+18+20+22+24+26
=20×7=140

590 잘못된 계산

월 일

◐ 잘못 계산된 것을 찾아 모두 ×표 하시오.

2×8은 실제로 20×8이므로 계산 결과를 자리값의 위치에 맞게 써서 계산해야 합니다.

$$\begin{array}{r} 96 \\ \times \ \ 6 \\ \hline 36 \\ 54\ \\ \hline 576 \end{array} \qquad \begin{array}{r} 27 \\ \times \ \ 8 \\ \hline 56 \\ 16 \\ \hline 72 \end{array}\ (\times) \qquad \begin{array}{r} 83 \\ \times 20 \\ \hline 166 \end{array}\ (\times) \qquad \begin{array}{r} 90 \\ \times 18 \\ \hline 720 \\ 90\ \\ \hline 1620 \end{array}$$

83×20은 83×2의 계산 결과에 '0'을 붙여야 합니다.

계산 결과가 자리값의 위치에 맞게 쓰여졌는지, 받아올림한 수를 더하였는지 등을 생각하며 잘못된 계산식을 찾습니다.

❶

$$\begin{array}{r} 94 \\ \times \ \ 9 \\ \hline 36 \\ 81\ \\ \hline 117 \end{array}\ (\times) \qquad \begin{array}{r} 31 \\ \times \ \ 6 \\ \hline 6 \\ 18\ \\ \hline 186 \end{array} \qquad \begin{array}{r} 48 \\ \times 25 \\ \hline 240 \\ 96\ \\ \hline 1200 \end{array} \qquad \begin{array}{r} 159 \\ \times \ \ \ 8 \\ \hline 72 \\ 40 \\ 8\ \ \ \\ \hline 912 \end{array}\ (\times)$$

❷

$$\begin{array}{r} 86 \\ \times 25 \\ \hline 430 \\ 172\ \\ \hline 2150 \end{array} \qquad \begin{array}{r} 207 \\ \times \ \ \ 6 \\ \hline 42 \\ 12\ \\ \hline 162 \end{array}\ (\times) \qquad \begin{array}{r} 64 \\ \times \ \ 9 \\ \hline 36 \\ 54\ \\ \hline 576 \end{array} \qquad \begin{array}{r} 35 \\ \times 67 \\ \hline 245 \\ 21\ \\ \hline 455 \end{array}\ (\times)$$

◑ 잘못 계산한 곳을 찾아 바르게 고치시오.

$$\begin{array}{r} 76 \\ \times 41 \\ \hline 76 \\ 304 \\ \hline 380 \end{array} \rightarrow \begin{array}{r} 76 \\ \times 41 \\ \hline 76 \\ 304\ \\ \hline 3116 \end{array}$$

76×4는 실제로 76×40이므로 계산 결과를 자리값의 위치에 맞게 써서 계산해야 합니다.

❶

$$\begin{array}{r} 56 \\ \times \ \ 8 \\ \hline 48 \\ 40 \\ \hline 88 \end{array} \rightarrow \begin{array}{r} 56 \\ \times \ \ 8 \\ \hline 48 \\ 40\ \\ \hline 448 \end{array}$$

❷

$$\begin{array}{r} 153 \\ \times \ \ \ 9 \\ \hline 27 \\ 45 \\ 9\ \ \\ \hline 972 \end{array} \rightarrow \begin{array}{r} 153 \\ \times \ \ \ 9 \\ \hline 27 \\ 45\ \\ 9\ \ \ \\ \hline 1377 \end{array}$$

❸

$$\begin{array}{r} 76 \\ \times 39 \\ \hline 684 \\ 228 \\ \hline 912 \end{array} \rightarrow \begin{array}{r} 76 \\ \times 39 \\ \hline 684 \\ 228\ \\ \hline 2964 \end{array}$$

❹

$$\begin{array}{r} 59 \\ \times 53 \\ \hline 177 \\ 25\ \ \ \\ \hline 2677 \end{array} \rightarrow \begin{array}{r} 59 \\ \times 53 \\ \hline 177 \\ 295\ \\ \hline 3127 \end{array}$$

❺

$$\begin{array}{r} 502 \\ \times \ \ \ 8 \\ \hline 16 \\ 40\ \\ \hline 416 \end{array} \rightarrow \begin{array}{r} 502 \\ \times \ \ \ 8 \\ \hline 16 \\ 40\ \ \ \\ \hline 4016 \end{array}$$

591 곱셈 문장제

월 일

◐ 문제에 맞게 식의 □ 안에 알맞은 수를 써넣으시오.

세호네 농장에는 토끼가 24마리 있습니다. 토끼의 다리는 모두 몇 개입니까?

식 : 24 × 4 = 96 (개) 답 : 96 개

❶ 지은이네 마을에는 박씨 성을 가진 사람이 126명이고 김씨 성을 가진 사람은 박씨 성의 4배입니다. 김씨 성을 가진 사람은 모두 몇 명입니까?

식 : 126 × 4 = 504 (명) 답 : 504 명

❷ 명지네 학교 3학년은 12반까지 있습니다. 한 반의 학생이 28명일 때, 명지네 학교 3학년 학생은 모두 몇 명입니까?

식 : 12 × 28 = 336 (명) 답 : 336 명

❸ 마을버스의 초등학생 요금은 450원입니다. 6명의 초등학생이 마을버스를 타려면 얼마를 내야 합니까?

식 : 450 × 6 = 2700 (원) 답 : 2700 원

❹ 학생 한 명당 18개의 사탕을 나누어 주려고 합니다. 학생이 모두 23명일 때, 사탕은 모두 몇 개가 필요합니까?

식 : 18 × 23 = 414 (개) 답 : 414 개

◐ 식과 답을 쓰시오.

서준이는 매일 34쪽씩 책을 읽습니다. 서준이가 2주일 동안 읽은 책은 모두 몇 쪽입니까?

식 : 2×7=14, 34×14=476(쪽) 답 : 476 쪽

❶ 수현이네 3학년 여학생의 수는 138명이고, 3학년 남학생의 수는 3학년 여학생 수의 2배입니다. 4학년의 학생 수는 3학년 남학생 수의 4배일 때, 4학년 학생 수는 몇 명입니까?

식 : 138×2=276, 276×4=1104(명) 답 : 1104 명

❷ 미니 열차에는 총 5칸이 있습니다. 한 칸에 25명이 탈 수 있다고 할 때, 미니 열차 8대에 탈 수 있는 사람은 모두 몇 명입니까?

식 : 5×25=125, 125×8=1000(명) 답 : 1000 명

❸ 우미네 학교 3학년은 9반까지 있습니다. 한 반의 학생이 32명이고 학생 한 명 당 공책을 8권씩 줄 때, 필요한 공책은 모두 몇 권입니까?

식 : 9×32=288, 288×8=2304(권) 답 : 2304 권

❹ 어느 공장에서는 하루에 230대씩 자동차를 생산합니다. 자동차 한 대에는 4개의 타이어가 필요합니다. 이 공장에서 7일 동안 생산하는 자동차에 필요한 타이어는 모두 몇 개입니까?

식 : 230×4=920, 920×7=6440(개) 답 : 6440 개

592 바르게 계산하기

◆ 같은 모양은 같은 수를 나타냅니다. □ 안에 알맞은 수를 써넣으시오.

●+63=100
●×63= 2331

●=100−63=37
37×63= 2331

❶ 214−▲=208
214×▲= 1284

▲=214−208=6
214×6= 1284

❷ ■−12=40
■×47= 2444

❸ 100−♣=96
804×♣= 3216

❹ 90−♥=83
213×♥= 1491

❺ ♠−18=6
♠×89= 2136

❻ ★+52=66
★×52= 728

❼ 31+◆=57
68×◆= 1768

❽ ◈+67=71
◈×275= 1100

❾ 99−⊙=72
34×⊙= 918

◆ □를 사용한 식으로 나타내고 바르게 계산하시오.

어떤 수에 27을 곱해야 할 것을 잘못하여 더했더니 85가 되었습니다. 바르게 계산한 값을 구하시오.

덧셈식 : □+27=85
어떤 수 : □=85−27=58
바른 계산 : 58×27=1566

❶ 어떤 수에 8을 곱해야 할 것을 잘못하여 뺐더니 215가 되었습니다. 바르게 계산한 값을 구하시오.

뺄셈식 : □−8=215
어떤 수 : □=215+8=223
바른 계산 : 223×8=1784

❷ 어떤 수에 55를 곱해야 할 것을 잘못하여 더했더니 94가 되었습니다. 바르게 계산한 값을 구하시오.

덧셈식 : □+55=94
어떤 수 : □=94−55=39
바른 계산 : 39×55=2145

❸ 어떤 수에 6을 곱해야 할 것을 잘못하여 더했더니 494가 되었습니다. 바르게 계산한 값을 구하시오.

덧셈식 : □+6=494
어떤 수 : □=494−6=488
바른 계산 : 488×6=2928

잘 공부했는지 알아봅시다

월 일

1 다음을 계산하시오. 1275

$$1+2+3+\cdots+48+49+50$$

1부터 50까지 연속된 수의 개수가 50개이므로,
수의 합을 곱셈식을 이용하여 계산하면,
(수의 합)={(첫 수)+(끝 수)}×(수의 개수)÷2
=(1+50)×50÷2=1275

2 소희네 학교의 전체 학생은 512명입니다. 한 명에게 공책을 4권씩 나누어 주려면 필요한 공책은 모두 몇 권입니까?

식 : 512×4=2048(권) 답 : 2048 권

3 어떤 수에 32를 곱해야 할 것을 잘못하여 더했더니 67이 되었습니다. 바르게 계산한 값을 구하시오.

식 : □+32=67, □=35, 35×32=1120 답 : 1120

봉투를 사는데 내야하는 돈을 먼저 구한 다음, 구한 금액을 3000원에서 빼서 거스름돈을 구합니다.

4 형철이는 70원짜리 편지 봉투 15장을 사고 3000원을 냈습니다. 형철이가 받아야 할 거스름돈은 얼마입니까?

식 : 70×15=1050, 3000−1050=1950(원) 답 : 1950 원

593 동전 나누기

◐ 그림을 보고 □ 안에 알맞은 수를 써넣으시오.

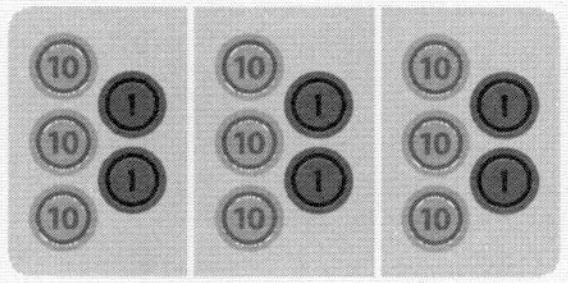

96 ÷3= 32

❶

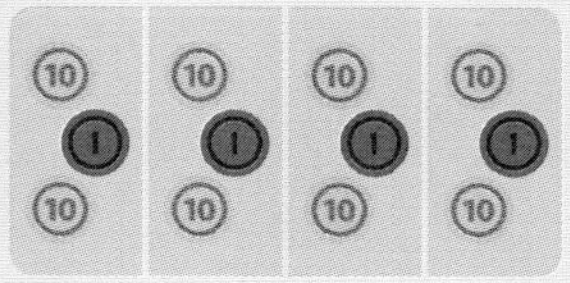

84 ÷4= 21

❷

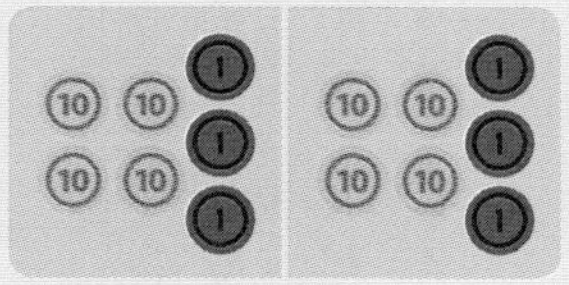

86 ÷2= 43

❸

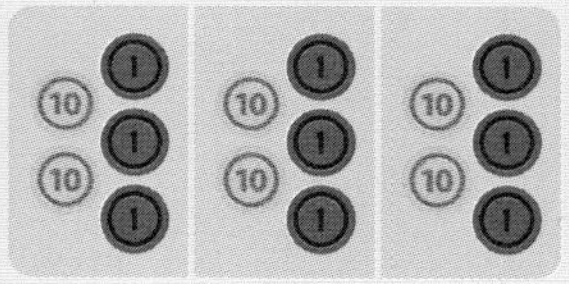

69 ÷3= 23

❹

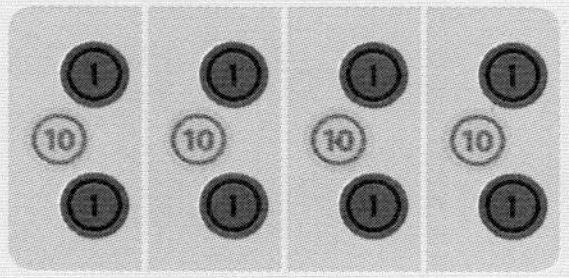

48 ÷4= 12

❺

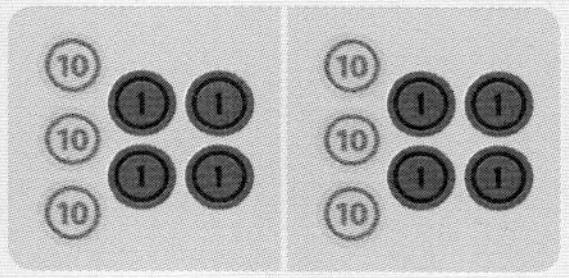

68 ÷2= 34

◐ 나누는 수만큼 묶음의 수가 되도록 동전을 나누고, □ 안에 알맞은 수를 써넣으시오. 단, 금액이 모두 같도록 나누어야 합니다.

63 ÷3= 21

(나뉠 수)÷(나누는 수)=(몫)

나누는 수가 3이므로 63원을 3묶음으로 나누어 묶습니다.

❶

80 ÷4= 20

나누는 수가 4이므로 80원을 4묶음으로 나누어 묶습니다.

❷

46 ÷2= 23

❸

55 ÷5= 11

❹

99 ÷3= 33

❺

66 ÷6= 11

594 나머지 없는 세로셈

월 일

◐ □안에 알맞은 수를 써넣으시오.

```
   2 6
2) 5 2
   4       ←2×20
   1 2     ←52−40
   1 2     ←2×6
     0     ←12−12
```

❶
```
   3 2
3) 9 6
   9       ←3×30
     6     ←96−90
     6     ←3×2
     0     ←6−6
```

❷
```
   1 9
5) 9 5
   5
   4 5
   4 5
     0
```

❸
```
   2 3
3) 6 9
   6
     9
     9
     0
```

❹
```
   1 8
4) 7 2
   4
   3 2
   3 2
     0
```

❺
```
   1 2
8) 9 6
   8
   1 6
   1 6
     0
```

❻
```
   2 3
4) 9 2
   8
   1 2
   1 2
     0
```

❼
```
   1 2
7) 8 4
   7
   1 4
   1 4
     0
```

나머지가 없는 나눗셈에서는 나머지가 '0'이라고 말할 수 있습니다. 나머지가 '0'일 때, '나누어떨어진다'고 합니다.

◐ 세로셈으로 고쳐 다음 나눗셈을 하시오.

■÷●=▲ ↔ ●)■ (몫 ▲)

84÷4
```
   2 1
4) 8 4
   8
     4
     4
     0
```

❶ 65÷5
```
   1 3
5) 6 5
   5
   1 5
   1 5
     0
```

❷ 93÷3
```
   3 1
3) 9 3
   9
     3
     3
     0
```

❸ 76÷4
```
   1 9
4) 7 6
   4
   3 6
   3 6
     0
```

❹ 98÷7
```
   1 4
7) 9 8
   7
   2 8
   2 8
     0
```

❺ 86÷2
```
   4 3
2) 8 6
   8
     6
     6
     0
```

595 선긋기

월 일

◐ 관계 있는 것끼리 선으로 이으시오.

30 15 11

60÷2 45÷3 88÷8

11 15 30

❶ 31 9 18

93÷3 54÷6 72÷4

9 18 31

❷

77÷7 84÷6 90÷5

11 18 14

❸

50÷5 91÷7 76÷4

13 10 19

❹

81÷3 80÷4 45÷3

15 27 20

❺

98÷2 36÷6 96÷8

12 6 49

◈ 몫이 같은 것끼리 선으로 이으시오.

10 22 24

70÷7 44÷2 72÷3

88÷4 48÷2 20÷2

22 24 10

❶ 12 6 17

84÷7 54÷9 68÷4

48÷8 60÷5 51÷3

6 12 17

❷

99÷3 49÷7 80÷4

60÷3 42÷6 66÷2

❸

45÷3 66÷6 72÷8

63÷7 99÷9 90÷6

❹

52÷4 28÷7 93÷3

62÷2 78÷6 36÷9

❺

96÷4 34÷2 69÷3

85÷5 72÷3 92÷4

596 숫자 카드 목표수

◐ 숫자 카드를 한 번씩 모두 사용하여 나눗셈식을 완성하시오.

(예) 3 4 5 → 45 ÷ 3 = 15

❶ 6 3 9 → 69 ÷ 3 = 23

❷ 2 4 5 → 54 ÷ 2 = 27

❸ 5 5 6 → 65 ÷ 5 = 13

❹ 3 4 8 → 48 ÷ 3 = 16

❺ 4 6 8 → 84 ÷ 6 = 14

❻ 6 9 4 → 96 ÷ 4 = 24

❼ 8 4 3 → 84 ÷ 3 = 28

월 일

◐ 숫자 카드를 한 번씩 모두 사용하여 계산 결과에 맞는 나눗셈식을 쓰시오.

(예) 8 4 6
- 64 ÷ 8 = 8 (~~48 ÷ 6 = 8~~)
- 84 ÷ 6 = 14
- 68 ÷ 4 = 17

❶ 8 1 9
- 18 ÷ 9 = 2
- 81 ÷ 9 = 9
- 98 ÷ 1 = 98

❷ 4 2 6
- 24 ÷ 6 = 4
- 46 ÷ 2 = 23
- 64 ÷ 2 = 32

❸ 4 8 2
- 24 ÷ 8 = 3
- 84 ÷ 2 = 42
- 48 ÷ 2 = 24

❹ 9 3 6
- 36 ÷ 9 = 4
- 69 ÷ 3 = 23
- 96 ÷ 3 = 32

❺ 3 7 5
- 35 ÷ 7 = 5
- 57 ÷ 3 = 19
- 75 ÷ 3 = 25

잘 공부했는지 알아봅시다

월 일

1 세로셈으로 다음 나눗셈을 하시오.

❶
$$\begin{array}{r} 29 \\ 3\overline{)87} \\ \underline{6} \\ 27 \\ \underline{27} \\ 0 \end{array}$$

❷
$$\begin{array}{r} 14 \\ 5\overline{)70} \\ \underline{5} \\ 20 \\ \underline{20} \\ 0 \end{array}$$

❸
$$\begin{array}{r} 34 \\ 2\overline{)68} \\ \underline{6} \\ 8 \\ \underline{8} \\ 0 \end{array}$$

2 몫이 같은 것끼리 선으로 이으시오.

7	28÷4	34÷2	17
12	36÷3	63÷9	7
17	85÷5	72÷6	12

28÷4 — 63÷9, 36÷3 — 72÷6, 85÷5 — 34÷2

3 숫자 카드를 한 번씩 모두 사용하여 계산 결과에 맞는 나눗셈식을 만드시오.

3 4 8

4 8 ÷ 3 = 16

8 4 ÷ 3 = 28

597 구슬 묶기

월 일

◐ 구슬을 ■ 안의 수만큼 묶은 다음, 묶음의 수를 ○ 안에 쓰고 남은 구슬의 수는 △ 안에 써넣으시오.

(example) 5 — (4) … △3 (묶음 수, 남는 구슬 수)

❶ 4 — (7) … △2

❷ 6 — (4) … △5

❸ 7 — (3) … △1

나눗셈에서 나머지가 있는 경우, 나머지는 나누는 수보다 작습니다. 따라서 몫을 구할 때 남는 수가 나누는 수보다 큰 경우에는 계속해서 나눗셈을 해야 바른 답이 나옵니다.

◑ 그림을 보고 □ 안에 알맞은 수를 써넣으시오.

(example) 18 ÷ 4 = 4 … 2

(나뉠 수) ÷ (나누는 수) = (몫) … (나머지)

❶ 21 ÷ 6 = 3 … 3

❷ 23 ÷ 3 = 7 … 2

❸ 25 ÷ 7 = 3 … 4

❹ 13 ÷ 2 = 6 … 1

❺ 24 ÷ 5 = 4 … 4

598 나누기 세로셈

월 일

◐ □ 안에 알맞은 수를 써넣으시오.

(예) $68 \div 3$: 몫 22, 6, 8, 6, 나머지 2 ← 나머지 8−6

❶ $76 \div 3$: 몫 25, 6, 16, 15, 나머지 1

❷ $85 \div 2$: 몫 42, 8, 5, 4, 나머지 1

❸ $39 \div 8$: 몫 4, 32, 나머지 7

❹ $50 \div 7$: 몫 7, 49, 나머지 1

❺ $45 \div 4$: 몫 11, 4, 5, 4, 나머지 1

❻ $78 \div 5$: 몫 15, 5, 28, 25, 나머지 3

❼ $94 \div 6$: 몫 15, 6, 34, 30, 나머지 4

◑ 세로셈으로 고쳐 다음 나눗셈을 계산하시오.

(예) $57 \div 2$ $=28 \cdots 1$ — 2)57: 몫 28, 4, 17, 16, 1

❶ $48 \div 7$ $=6 \cdots 6$ — 7)48: 몫 6, 42, 6

❷ $89 \div 4$ — 4)89: 몫 22, 8, 9, 8, 1

❸ $63 \div 5$ — 5)63: 몫 12, 5, 13, 10, 3

❹ $75 \div 6$ — 6)75: 몫 12, 6, 15, 12, 3

❺ $51 \div 7$ — 7)51: 몫 7, 49, 2

599 검산식

월 일

◐ 나눗셈을 검산하려고 합니다. □ 안에 알맞은 수를 써넣으시오.

$43 \div 8 = 5 \cdots 3$ → 검산 : $8 \times 5 + 3 = 43$

(8×5+3=43)

❶ $75 \div 6 = 12 \cdots 3$ → 검산 : $6 \times 12 + 3 = 75$

(6×12+3=75)

❷ $43 \div 3 = 14 \cdots 1$ → 검산 : $3 \times 14 + 1 = 43$

❸ $87 \div 5 = 17 \cdots 2$ → 검산 : $5 \times 17 + 2 = 87$

❹ $93 \div 2 = 46 \cdots 1$ → 검산 : $2 \times 46 + 1 = 93$

❺ $26 \div 6 = 4 \cdots 2$ → 검산 : $6 \times 4 + 2 = 26$

❻ $38 \div 3 = 12 \cdots 2$ → 검산 : $3 \times 12 + 2 = 38$

(나눗셈식) ■÷●=▲…★

(검산) ●×▲+★=■

검산식에서 나누는 수와 몫의 곱에 나머지를 더하면 나뉠 수가 나와야 합니다.

◐ 검산식을 보고 나눗셈식과 몫, 나머지를 구하시오.

$7 \times 12 + 5 = 89$ (89÷7=12…5)

나눗셈식 : $89 \div 7 = 12 \cdots 5$

몫 : 12 나머지 : 5

❶ $6 \times 13 + 3 = 81$ (81÷6=13…3)

나눗셈식 : $81 \div 6 = 13 \cdots 3$

몫 : 13 나머지 : 3

❷ $3 \times 11 + 2 = 35$

나눗셈식 : $35 \div 3 = 11 \cdots 2$

몫 : 11 나머지 : 2

❸ $5 \times 8 + 4 = 44$

나눗셈식 : $44 \div 5 = 8 \cdots 4$

몫 : 8 나머지 : 4

❹ $4 \times 10 + 3 = 43$

나눗셈식 : $43 \div 4 = 10 \cdots 3$

몫 : 10 나머지 : 3

❺ $6 \times 9 + 5 = 59$

나눗셈식 : $59 \div 6 = 9 \cdots 5$

몫 : 9 나머지 : 5

600 하우스

월 일

◐ 빈칸에 나눗셈의 몫과 나머지를 써넣으시오.

(예시) ÷ 5

27	5	…	2
54	10	…	4
73	14	…	3

27÷5=5…2
54÷5=10…4
73÷5=14…3

❶ ÷ 8

45	5	…	5
81	10	…	1
63	7	…	7

45÷8=5…5
81÷8=10…1
63÷8=7…7

❷ ÷ 4

50	12	…	2
73	18	…	1
91	22	…	3

❸ ÷ 6

64	10	…	4
41	6	…	5
79	13	…	1

❹ ÷ 7

94	13	…	3
80	11	…	3
46	6	…	4

❺ ÷ 5

53	10	…	3
82	16	…	2
38	7	…	3

◑ 빈칸에 알맞은 수를 써넣으시오.

○ 안의 수를 먼저 구합니다.

(예시) 43÷○=7…1
(검산) ⑥×7+1=43

÷ 6

43	7	…	1
75	12	…	3
51	8	…	3

75÷6=12…3
□÷6=8…3
(검산) 6×8+3=51

❶ 29÷○=9…2
(검산) ③×9+2=29

÷ 3

85	28	…	1
29	9	…	2
92	30	…	2

❷ ÷ 5

62	12	…	2
59	11	…	4
78	15	…	3

❸ ÷ 7

69	9	…	6
87	12	…	3
45	6	…	3

❹ ÷ 4

75	18	…	3
57	14	…	1
23	5	…	3

❺ ÷ 6

45	7	…	3
29	4	…	5
94	15	…	4

잘 공부했는지 알아봅시다

월 일

1 몫의 크기를 비교하여 ○ 안에 >, =, <를 알맞게 써넣으시오.

❶ 83÷5 (>) 83÷6
83÷5=16…3 83÷6=13…5

❷ 58÷7 (<) 85÷7
58÷7=8…2 85÷7=12…1

2 관계 있는 것끼리 선으로 이으시오.

나눗셈식과 관계있는 검산식을 연결합니다.

80÷3	4×16+3
73÷5	3×26+2
67÷4	5×14+3

80÷3=26…2 — 3×26+2

73÷5=14…3 — 5×14+3

67÷4=16…3 — 4×16+3

(나눗셈식) ■÷●=▲ …★

(검산) ●×▲+★=■

3 어떤 나눗셈식을 계산한 다음 검산을 하였더니 다음과 같은 식이 되었습니다. 계산한 나눗셈식을 쓰고 몫과 나머지를 구하시오.

8×12+3=99

나눗셈식 : 99÷8=12…3

몫 : 12 나머지 : 3

601 다리 잇기

◐ 왼쪽 수를 위의 수로 나누었을 때의 나머지에 맞게 선을 이으시오.

39÷4=9…3
39÷5=7…4
39÷2=19…1

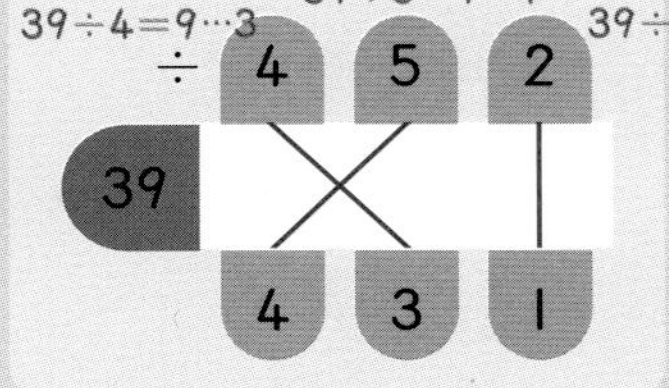

❶
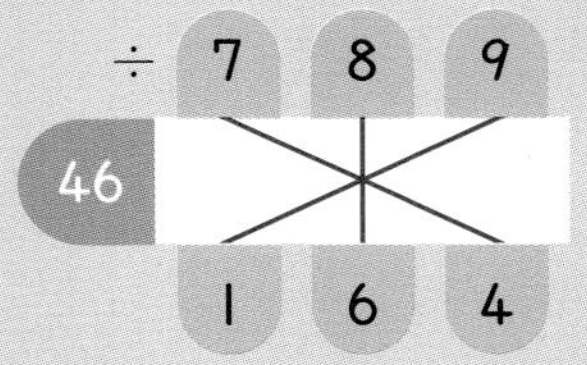

❷
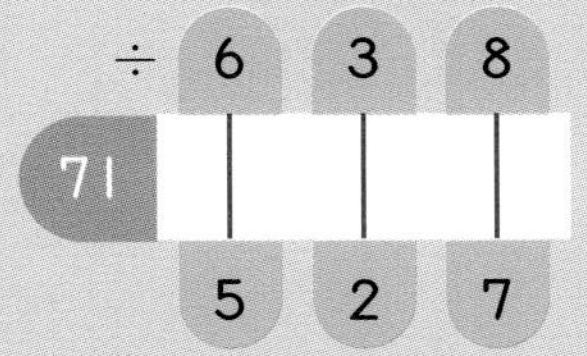

❸
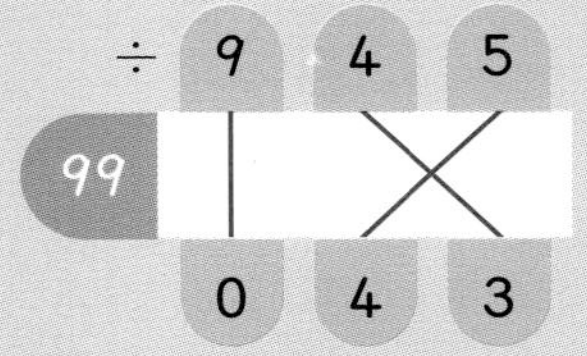

❹
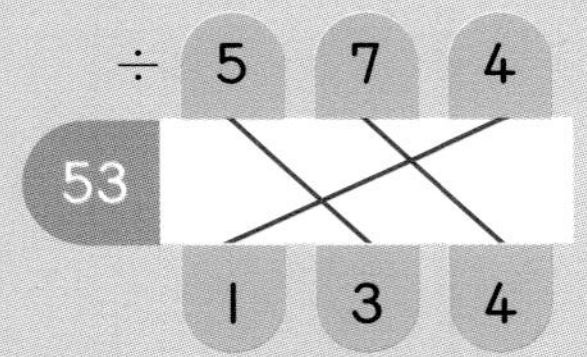

❺
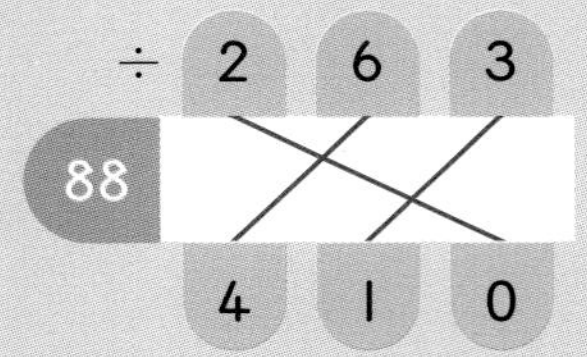

◑ 나머지가 가장 큰 것을 선으로 잇고 ○ 안에 그 나머지를 써넣으시오.

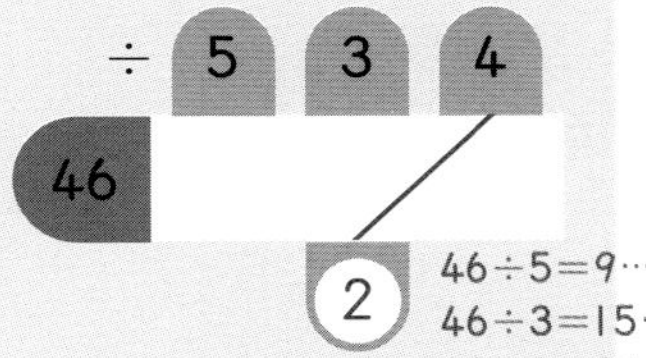

46÷5=9…1
46÷3=15…1
46÷4=11…2

46을 4로 나눈 나머지 2가 가장 크므로 ○안에 2를 쓰고 4와 연결합니다.

❶
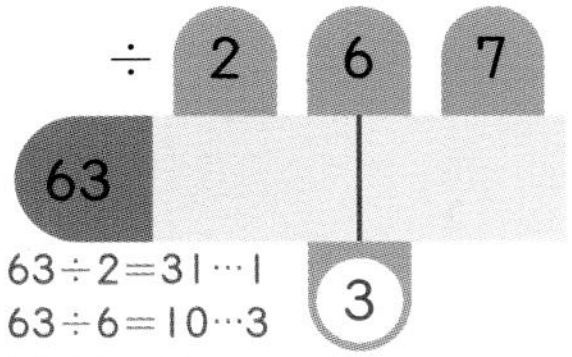

63÷2=31…1
63÷6=10…3
63÷7=9

63을 6으로 나눈 나머지 3이 가장 크므로 ○안에 3을 쓰고 6과 연결합니다.

❷
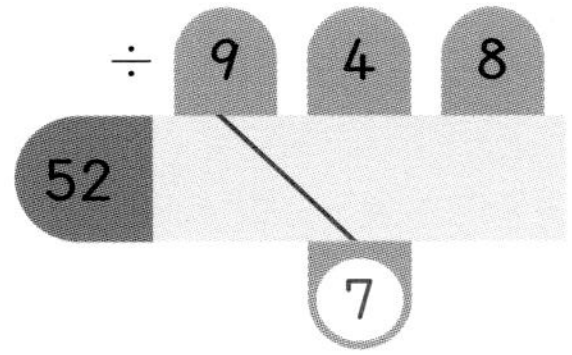

❸
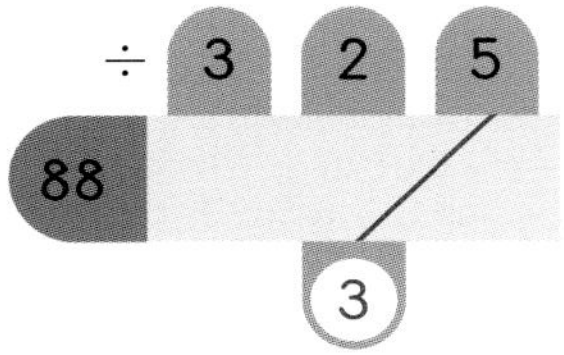

❹
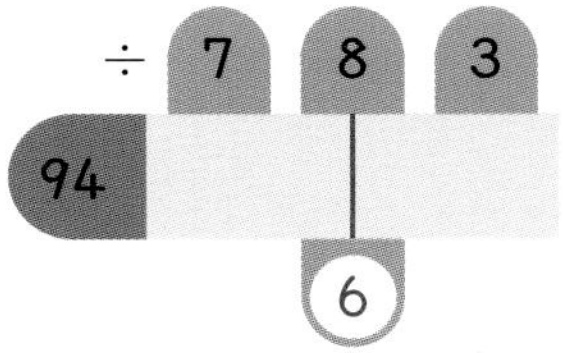

❺
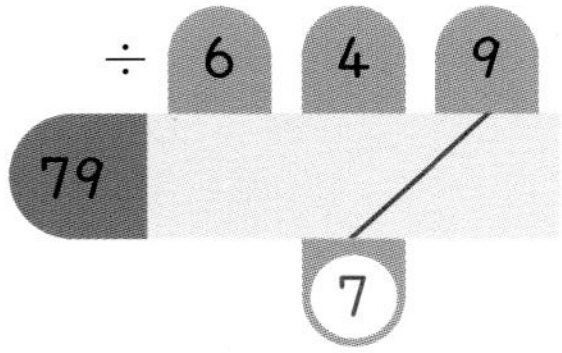

602 팻말

◐ 알맞은 수에 모두 ○표 하시오.

(예시) 3으로 나누면 나머지가 1

15	(22)	36
(34)	44	59

15÷3=5　22÷3=7…1
36÷3=12　34÷3=11…1
44÷3=14…2　59÷3=19…2

❶ 5로 나누면 나머지가 2

60	45	(27)
85	(72)	90

60÷5=12　45÷5=9
27÷5=5…2　85÷5=17
72÷5=14…2　90÷5=18

❷ 6으로 나누면 나머지가 5

(41)	62	54
63	84	(77)

❸ 7로 나누면 나머지가 4

17	(81)	31
(53)	96	65

❹ 4로 나누면 나머지가 2

39	12	(98)
75	(30)	61

❺ 8로 나누면 나머지가 1

52	47	76
(25)	68	(57)

◑ 두 조건을 만족하는 수를 모두 찾아 빈칸에 써넣으시오.

(예시) 30보다 크고 40보다 작은 수 / 33, 39 / 6으로 나누면 나머지가 3

31부터 39까지의 수 중에서 6으로 나누었을 때, 나머지가 3인 수를 찾습니다.

❶ 55보다 크고 60보다 작은 수 / 56, 59 / 3으로 나누면 나머지가 2

56부터 59까지의 수 중에서 3으로 나누었을 때, 나머지가 2인 수를 찾습니다.

❷ 60보다 크고 80보다 작은 수 / 62, 71 / 9로 나누면 나머지가 8

❸ 40보다 크고 50보다 작은 수 / 41, 46 / 5로 나누면 나머지가 1

❹ 80보다 크고 100보다 작은 수 / 85, 93 / 8로 나누면 나머지가 5

❺ 80보다 크고 90보다 작은 수 / 81, 88 / 7로 나누면 나머지가 4

603 나머지

◐ 나머지가 ● 안의 수일 때 □ 안에 들어갈 수 있는 수에 모두 ○표 하시오.

(예) 3□÷4 ··· 3

2 4 (5) 8 (9)

3[5]÷4=8···3
3[9]÷4=9···3

❶ □2÷7 ··· 5

(1) 3 6 (8) 9

[1]2÷7=1···5
[8]2÷7=11···5

❷ 7□÷5 ··· 2

0 (2) 4 (7) 9

❸ □1÷6 ··· 1

2 (3) (6) 7 8

❹ 5□÷3 ··· 1

(2) 4 (5) 7 9

❺ □6÷8 ··· 6

1 2 (4) 6 (8)

❻ 4□÷7 ··· 0

0 (2) 6 8 (9)

❼ □7÷3 ··· 2

(1) 3 5 (7) 8

◐ 나머지가 ● 안의 수일 때 □ 안에 들어갈 수 있는 수를 모두 쓰시오.

(예) 4□÷6 ··· 5

1, 7

4[1]÷6=6···5
4[7]÷6=7···5

❶ □8÷8 ··· 4

2, 6

[2]8÷8=3···4
[6]8÷8=8···4

❷ 2□÷3 ··· 1

2, 5, 8

❸ □6÷7 ··· 5

2, 9

❹ 8□÷5 ··· 3

3, 8

❺ □0÷4 ··· 0

2, 4, 6, 8

❻ 3□÷8 ··· 6

0, 8

❼ □9÷6 ··· 5

2, 5, 8

❽ 2□÷7 ··· 6

0, 7

❾ □1÷8 ··· 7

3, 7

604 숫자 카드 나눗셈

월 일

◐ 숫자 카드를 사용하여 (두 자리 수)÷(한 자리 수)의 식을 만든 것입니다. 몫과 나머지를 구하시오.

2 5 6

25÷6=4…1
62÷5=12…2
65÷2=32…1

❶ 3 4 9

34÷9=3…7
49÷3=16…1
93÷4=23…1

❷ 5 7 8

75÷8=9…3
78÷5=15…3
85÷7=12…1

❸ 2 3 9

29÷3=9…2
32÷9=3…5
39÷2=19…1

숫자 카드로 몫이 가장 큰 (두 자리 수)÷(한 자리 수)의 나눗셈식을 만들 때에는 숫자 카드로 만들 수 있는 가장 큰 두 자리 수와 나머지 한 자리의 수를 이용하여 나눗셈식을 만듭니다.
나머지가 가장 큰 나눗셈식을 만들 때에는 나누는 수에 가장 큰 수부터 넣어 만들어 보는 것이 좋습니다.

◑ 숫자 카드로 (두 자리 수)÷(한 자리 수)의 식을 만들려고 합니다. 몫이 가장 클 때와 나머지가 가장 클 때의 나눗셈식을 만들고 계산하시오.

7 4 9

몫이 가장 클 때 : 97÷4=24…1
나머지가 가장 클 때 : 94÷7=13…3

❶ 3 5 8

몫이 가장 클 때 : 85÷3=28…1
나머지가 가장 클 때 : 53÷8=6…5

❷ 6 2 9

몫이 가장 클 때 : 96÷2=48
나머지가 가장 클 때 : 62÷9=6…8
26÷9=2…8

❸ 9 8 3

몫이 가장 클 때 : 98÷3=32…2
나머지가 가장 클 때 : 39÷8=4…7

❹ 1 5 4

몫이 가장 클 때 : 54÷1=54
나머지가 가장 클 때 : 14÷5=2…4

잘 공부했는지 알아봅시다

월 일

1 나머지가 5가 될 수 없는 식에 모두 ○표 하시오.

□÷7 (□÷4) □÷6
(□÷3) □÷10 □÷8

나눗셈에서 나머지가 있는 경우, 나머지는 나누는 수보다 작습니다. 따라서 나누는 수가 4인 나눗셈식의 나머지는 0, 1, 2, 3 중 하나이며, 나누는 수가 3인 나눗셈식의 나머지는 0, 1, 2 중 하나입니다.

2 50보다 작은 두 자리 수 중에서 6으로 나누었을 때 나머지가 5인 수는 몇 개입니까? 7개

검산식에서 몫을 바꾸어 가며 찾는 것이 좋습니다.

$6\times1+5=\boxed{11}$ $6\times2+5=\boxed{17}$
$6\times3+5=\boxed{23}$ $6\times4+5=\boxed{29}$
$6\times5+5=\boxed{35}$ $6\times6+5=\boxed{41}$
$6\times7+5=\boxed{47}$ $6\times8+5=\boxed{53}>50$

3 나눗셈이 나누어떨어진다고 할 때, 0에서 9까지의 숫자 중에서 □ 안에 들어갈 수 있는 숫자를 모두 구하시오.

2)4□

0, 2, 4, 6, 8

2로 나누어떨어지는 수이므로 짝수입니다.
따라서 □ 안에 들어갈 수 있는 수는 0, 2, 4, 6, 8입니다.

4 숫자 카드를 모두 한 번씩 사용하여 나머지가 가장 큰 (두 자리 수)÷(한 자리 수)를 만들고, 계산하시오.

$47\div8=5\cdots7$

4 8 7

605 잘못된 계산

월 일

◐ 잘못 계산된 것을 찾아 ×표 하시오.

(예시)
- (×) 7)40: 몫 5, 35, 나머지 5 — 나머지 5를 일의 자리에 써야 합니다.
- 8)48: 몫 5, 40, 나머지 8
- 6)39: 몫 6, 36, 나머지 3
- 9)56: 몫 6, 54, 나머지 2

❶
- 5)30: 몫 6, 30, 나머지 0
- 3)29: 몫 9, 27, 나머지 2
- (×) 8)73: 몫 9, 72, 나머지 1 — 몫 9를 일의 자리에 써야 합니다.
- 4)23: 몫 5, 20, 나머지 3

❷
- 9)48: 몫 5, 45, 나머지 3
- 6)53: 몫 8, 48, 나머지 5
- 2)16: 몫 8, 16, 나머지 0
- (×) 7)62: 몫 9, 63, 나머지 1

❸
- 4)33: 몫 8, 32, 나머지 1
- (×) 9)45: 몫 4, 36, 나머지 9
- 8)60: 몫 7, 56, 나머지 4
- 3)20: 몫 6, 18, 나머지 2

몫과 나머지가 자리값에 맞게 쓰여졌는지, 나머지가 나누는 수보다 크지 않은지 등을 생각하며 잘못된 계산식을 찾습니다.

◐ 계산에서 잘못된 것을 찾아 바르게 계산하시오.

(예시) 4)92: 몫 19, 4, 52, 36, 16 → 4)92: 몫 23, 8, 12, 12, 0

❶ 4)60: 몫 12, 4, 10, 8, 2 → 4)60: 몫 15, 4, 20, 20, 0

❷ 7)85: 몫 11, 7, 15, 7, 8 → 7)85: 몫 12, 7, 15, 14, 1

❸ 5)79: 몫 11, 5, 9, 5, 4 → 5)79: 몫 15, 5, 29, 25, 4

❹ 3)86: 몫 26, 6, 20, 18, 2 → 3)86: 몫 28, 6, 26, 24, 2

❺ 4)67: 몫 15, 4, 27, 20, 7 → 4)67: 몫 16, 4, 27, 24, 3

606 벌레 먹은 나눗셈

월 일

◐ □ 안에 알맞은 수를 써넣으시오.

(예) $65 \div 3 = 21 \cdots 2$ (6, 5, 3, 2)

❶ $46 \div 2 = 23$ (23, 4, 6, 6, 6, 0)

❷ $85 \div 4 = 21 \cdots 1$ (8, 5, 4, 1)

❸ $57 \div 8 = 7 \cdots 1$ (7, 56)

❹ $46 \div 7 = 6 \cdots 4$ (42)

❺ $74 \div 6 = 12 \cdots 2$ (6, 14, 12, 2)

❻ $58 \div 5 = 11 \cdots 3$ (5, 8, 5, 3)

❼ $97 \div 3 = 32 \cdots 1$ (9, 7, 6, 1)

◑ □ 안에 알맞은 수를 써넣으시오.

(예) $87 \div 7 = 12 \cdots 3$ (7, 17, 14, 3)

❶ $82 \div 3 = 27 \cdots 1$ (6, 22, 21, 1)

❷ $67 \div 4 = 16 \cdots 3$ (4, 27, 24, 3)

❸ $73 \div 5 = 14 \cdots 3$ (5, 23, 20, 3)

❹ $95 \div 7 = 13 \cdots 4$ (7, 25, 21, 4)

❺ $98 \div 6 = 16 \cdots 2$ (6, 38, 36, 2)

$92 \div 6 = 15 \cdots 2$ (6, 32, 30, 2)

607 어떤 수 구하기

◐ 어떤 수를 □로 놓고 나눗셈식과 검산식을 만드시오.

78을 어떤 수로 나누었더니 몫이 15이고 나머지가 3입니다.

나눗셈식 : $78 \div \square = 15 \cdots 3$ 검산식 : $\square \times 15 + 3 = 78$

❶ 54를 어떤 수로 나누었더니 몫이 7이고 나머지가 5입니다.

나눗셈식 : $54 \div \square = 7 \cdots 5$ 검산식 : $\square \times 7 + 5 = 54$

❷ 어떤 수를 6으로 나누었더니 몫이 16이고 나머지가 1입니다.

나눗셈식 : $\square \div 6 = 16 \cdots 1$ 검산식 : $6 \times 16 + 1 = \square$

❸ 70을 어떤 수로 나누었더니 몫이 8이고 나머지가 6입니다.

나눗셈식 : $70 \div \square = 8 \cdots 6$ 검산식 : $\square \times 8 + 6 = 70$

❹ 어떤 수를 9로 나누었더니 몫이 8이고 나머지가 7입니다.

나눗셈식 : $\square \div 9 = 8 \cdots 7$ 검산식 : $9 \times 8 + 7 = \square$

❺ 83을 어떤 수로 나누었더니 몫이 20이고 나머지가 3입니다.

나눗셈식 : $83 \div \square = 20 \cdots 3$ 검산식 : $\square \times 20 + 3 = 83$

월 일

◑ 어떤 수는 얼마입니까?

어떤 수를 4로 나누었더니 몫이 8이고 나머지가 2입니다.

식 : $\square \div 4 = 8 \cdots 2$ 어떤 수 : 34

$4 \times 8 + 2 = 34$

❶ 85를 어떤 수로 나누었더니 몫이 14이고 나머지가 1입니다.

식 : $85 \div \square = 14 \cdots 1$ 어떤 수 : 6

$\square \times 14 + 1 = 85$, $\square = 6$

❷ 어떤 수를 3으로 나누었더니 몫이 13이고 나머지가 2입니다.

식 : $\square \div 3 = 13 \cdots 2$ 어떤 수 : 41

❸ 72를 어떤 수로 나누었더니 몫이 12이고 나머지는 없습니다.

식 : $72 \div \square = 12$ 어떤 수 : 6

❹ 어떤 수를 3으로 나누었더니 몫이 12이고 나머지가 1입니다.

식 : $\square \div 3 = 12 \cdots 1$ 어떤 수 : 37

❺ 69를 어떤 수로 나누었더니 몫이 17이고 나머지가 1입니다.

식 : $69 \div \square = 17 \cdots 1$ 어떤 수 : 4

608 나눗셈 문장제

월 일

◐ 문제에 맞게 식과 답을 쓰시오.

연필이 75자루 있습니다. 한 명에게 4자루씩 나누어 준다면 몇 명에게 똑같이 나누어 줄 수 있고, 몇 자루가 남습니까?

식 : $75 \div 4 = 18 \cdots 3$ 답 : 18 명, 3 자루

❶ 사과 67개를 한 접시에 5개씩 놓으려고 합니다. 사과는 모두 몇 접시가 되고, 몇 개가 남습니까?

식 : $67 \div 5 = 13 \cdots 2$ 답 : 13 접시, 2 개

❷ 채소 가게에 당근이 77개 있습니다. 당근을 6개씩 봉지에 담으면 담은 봉지는 몇 개이고, 남는 당근은 몇 개입니까?

식 : $77 \div 6 = 12 \cdots 5$ 답 : 12 봉지, 5 개

❸ 바나나 90개를 원숭이 8마리에게 똑같이 나누어 주려고 합니다. 원숭이 한 마리에게 몇 개씩 주고, 몇 개가 남습니까?

식 : $90 \div 8 = 11 \cdots 2$ 답 : 11 개, 2 개

❹ 색종이가 75장 있습니다. 미술 시간에 한 명이 7장씩 사용한다면 몇 명이 사용할 수 있고, 몇 장이 남습니까?

식 : $75 \div 7 = 10 \cdots 5$ 답 : 10 명, 5 장

나눗셈에서 몫과 나머지의 의미가 무엇인지 알 수 있도록 합니다.

◐ 식과 답을 쓰시오.

형철이가 하루에 27쪽씩 3일 동안 읽은 동화책을 다시 읽으려고 합니다. 하루에 5쪽씩 읽으면 모두 읽는데 며칠이 걸립니까?

식 : $27 \times 3 = 81$, $81 \div 5 = 16 \cdots 1$ 답 : 17 일

동화책의 남은 1쪽도 다 읽어야 하므로 모두 17일이 필요합니다.

❶ 배 72개와 감 64개가 있습니다. 배와 감을 4상자에 똑같이 나누어 담으려고 합니다. 한 상자에 담을 수 있는 배와 감은 각각 몇 개입니까?

식 : $72 \div 4 = 18$, $64 \div 4 = 16$ 답 : 배 18 개, 감 16 개

❷ 파란색 구슬이 19개, 빨간색 구슬이 38개, 노란색 구슬이 34개 있습니다. 이 구슬을 7명이 똑같이 나누어 가진다면 한 명이 몇 개씩 가지게 됩니까?

식 : $19 + 38 + 34 = 91$, $91 \div 7 = 13$ 답 : 13 개

❸ 장미가 한 다발에 6송이씩 16다발이 있습니다. 한 꽃병에 8송이씩 꽂는다면 꽃병은 몇 개가 필요합니까?

식 : $6 \times 16 = 96$, $96 \div 8 = 12$ 답 : 12 개

❹ 남학생 22명, 여학생 16명이 승합차 한 대에 7명씩 나누어 타고 도서관에 가려고 합니다. 승합차는 몇 대가 필요합니까?

식 : $22 + 16 = 38$, $38 \div 7 = 5 \cdots 3$ 답 : 6 대

7명씩 타고 난 후 남은 3명도 차에 타야 하므로 모두 6 대가 필요합니다.

잘 공부했는지 알아봅시다

월　일

1 계산에서 잘못된 곳을 찾아 바르게 계산하시오.

나머지가 나누는 수보다 큰 식은 잘못된 식입니다.

$$\begin{array}{r} 12 \\ 5\overline{)67} \\ 5 \\ \hline 17 \\ 10 \\ \hline 7 \end{array} \rightarrow \begin{array}{r} 13 \\ 5\overline{)67} \\ 5 \\ \hline 17 \\ 15 \\ \hline 2 \end{array}$$

2 나눗셈에서 ㉡이 3일 때, ㉠에 알맞은 수를 구하시오.

4

$$\begin{array}{r} 13 \\ 7\overline{)94} \\ 7 \\ \hline 24 \\ 21 \\ \hline 3 \end{array} \qquad \begin{array}{r} \square\square \\ 7\overline{)9㉠} \\ \square \\ \hline \square\square \\ 2\square \\ \hline ㉡ \end{array}$$

3 귤 57개를 한 접시에 5개씩 놓으려고 합니다. 귤은 모두 몇 접시가 되고, 몇 개가 남습니까?

식 : $57 \div 5 = 11 \cdots 2$　답 : 11 접시, 2 개

4 어떤 수를 6으로 나누었더니 몫이 13이고 나머지가 3이 되었습니다. 어떤 수는 얼마입니까?

식 : $\square \div 6 = 13 \cdots 3$　어떤 수 : 81

$6 \times 13 + 3 = 81$, $\square = 81$